Wilhelm Obermüller

Amazonen, Sarmaten, Jazygen und Polen

Forschungen von Wilhelm Obermüller

Wilhelm Obermüller

Amazonen, Sarmaten, Jazygen und Polen
Forschungen von Wilhelm Obermüller

ISBN/EAN: 9783741165375

Hergestellt in Europa, USA, Kanada, Australien, Japan

Cover: Foto ©Andreas Hilbeck / pixelio.de

Manufactured and distributed by brebook publishing software
(www.brebook.com)

Wilhelm Obermüller

Amazonen, Sarmaten, Jazygen und Polen

Amazonen,

Sarmaten, Jazygen

und

Polen.

Forschungen

von

Wilhelm Obermüller,

Mitglied der geographischen und der anthropologischen Gesellschaften in
Wien und der ethnologischen Gesellschaft in Paris.

Berlin 1873.

Denicke's Verlag. Link und Reinke.

Druck von Rieg. Curich in Wien.

Vorwort.

~~~~~

Als nachstehendes Schriftchen druckreif gestellt war,
erhielt ich gelegentlich einer Erörterung über den geschicht-
lichen Kern der Edda, mit dessen Klarlegung ich schon seit
längerer Zeit beschäftigt bin, von einem unserer bewähr-
testen süddeutschen Historiker, einem alten Freunde, eine Zu-
sendung, welche, da sie mir wie aus der Seele geschrieben
ist, füglich als allgemeine Einleitung sowohl dieser als auch
meinem jüngst vollendeten deutsch-keltischen Wörterbuche,
wie den anderen in letzter Zeit von mir publicirten Abhand-
lungen über die Slaven, Magyaren, Kelter, Zigeuner und
Basken vorangeschickt werden kann, und gebe ich dieselbe
darum hiermit, wie folgt:

„Auch ich habe mich kürzlich zu den scandinavischen
Asen begeben, um zu sehen, was sie in ihren gestohlenen
Kesseln für Bier gebraut. Es ist mir aber nicht recht wohl
bei ihnen, denn diese Götter, Halbgötter und Helden sind,
was man bei uns auf dem Schwarzwalde mit dem Namen
„Scheuernpstrzler" bezeichnet, und vor der Edda hatte ich
viel mehr Respect, so lange ich sie nicht näher gekannt.
Ein wüstes Treiben, aller und jeder sittlichen Idee bar
und ledig; Völlerei und Zank, Großsprecherei und Betrug,
Unzucht, Raub und Mord, das ist das Bild, welches uns
die Edda von diesen Herrgöttern gibt. Die Aufführung der

Joten und Turſen, der Rieſen und Zwerge war weit anſtändiger und vernünftiger. Ueberhaupt, lieber Freund, iſt meine germaniſtiſche Begeiſterung ziemlich verraucht. Die Deutſchen ſind lange nicht das, wofür ſie ſich halten und ausgeben. Die Maſſe der Bevölkerung iſt von Herkunft zu einem Drittel wälſch, zum andern ſlaviſch, und nur ein Drittel deutſch. Es ging da, wie überall in der Völkergeſchichte: Wo ein altcultivirtes Volk ſich etwas verweichlicht hatte, da fiel ein halbwildes über daſſelbe her, nahm ihm den beſten Theil des Landes weg, unterjochte es, ſpielte den Herrn, ſetzte ſich in die Schätze der Cultur hinein und bildete ſich ſelber allmälig daran empor. Die Eroberer waren die Freien, die Edlen, die Beſitzenden, der Adel, die Eroberten die Unfreien, die Dienenden, die Leibeigenen, die Knechte — der „arme Mann“. Wie lange iſt's im gelobten Deutſchlande gegangen, bis dieſe uralte grauſame Gewaltthat durch die Emancipation des Bauernſtandes endlich völlig geſühnt wurde! —

„Du ſiehſt alſo, daß ich in einer großen Hauptſache mit Dir übereinſtimme, und es iſt ſehr ermunternd, daß wir auf ganz verſchiedenen Wegen auf der gleichen Höhe der Anſchauung angekommen. Mich haben (abgeſehen von den räthſelhaften Graben- und Wallwerken, Lang- und Lochſteinen, Dolmen und Trichtergruben meiner oberländiſchen Heimat) die zwei Gattungen meiner Landsleute, welche wie Schwarz und Weiß von einander abſtehen, zuerſt aufmerkſam gemacht. Man findet, beſonders im Schwarzwalde, die eckige, grobknochige, rothhaarige, blauäugige, wortkarge (bis der Trunk wirkt) deutſche Race noch wie unvermiſcht neben der feiner und runder gegliederten, ſchwarzhaarigen, dunkeläugigen, gewandtern wälſchen. Die Leute deutſcher Abkunft ſind mehr für Jagd und Landbau eingenommen, die von wälſcher (kelto-liguriſcher) dagegen mehr für Handwerke, Technik, Kunſt und Wiſſenſchaft befähigt. Sie stehen einander so scharf racenmäßig gegenüber, daß man sich wundern müßte, daß nicht eine größere Mischung seit so langer Zeit stattgefunden, wenn man nicht wüßte, wie streng durch das ganze Mittelalter herab die schroffe Scheidewand zwischen freigeboren und leibeigen festgehalten worden. Wurde ja erst am Schlusse des vorigen Jahrhunderts im Oesterreichischen und Badischen die Leibeigenschaft ganz aufgehoben und in vielen anderen Gebieten noch später! Und — ist's nicht eine wesentliche Eigenschaft der Race, daß sie sich immer wieder rein herstellt in gemischten Familien?"

Amazonen, Sarmaten, Jazygen und Polen.

und Kleinasiens anstellt. Der Verfasser gibt eine vollständige
Blumenlese aus den zahlreichen Notizen, welche von verschiedenen Reisenden am Amazonenstrome, von den Zeiten
der ersten Eroberung durch die Spanier an, bis auf die
letzten Dezennien hierüber gesammelt worden sind, geht
dann auf die Angaben der römischen und griechischen
Autoren über, und endet mit der Erzählung Herodot's
über die Verbindung der pontischen Amazonen mit den
Skythen des Kaukasus. Weiter reichen seine höchst werth-
vollen Forschungen nicht.

Da nun aber, ebenfalls nach Herodots Zeugniß, aus
der angegebenen Verbindung der Amazonen mit den Skythen das Volk der Sarmaten entstand, und dieses Volk
bei tausend Jahren vom Don bis zur Donau, ja weiter
westlich über alle Karpathenländer im Süden und Norden
des Gebirges herrschte, und da endlich es so gut wie zwei-
fellos ist, daß der heutige polnische Adel in seiner großen
Mehrheit von eben diesen Sarmaten abstammt, so lohnt
es wohl der Mühe, die Geschichte der Amazonen sammt
ihren Nachkommen einer umfassenderen Würdigung zu un-
terziehen, als es bisher geschehen ist.

4

Schon in meiner im vorigen Jahre erschienenen klei=
nen Schrift über die Abstammung der Slaven (Wien, bei
Herzfeld und Bauer) habe ich darauf hingewiesen, daß der
polnische Adel durch die Sarmaten mit den kriegerischen
Weiberschaaren des schwarzen Meeres in ethnischer Verbin=
dung stehe; — bedeutet doch das Wort Sarmate, Sair=
mate oder Sauromate schon an und für sich, nach dem
heutigen Irischen nämlich, eine mächtige Nixe, Fee oder
Syrene; die Sprache der Skythen war aber die medisch=
chaldäische, wie die der Iren und Schotten; — in nach=
stehender Abhandlung möchte ich nun obige Thatsache näher
begründen, und damit eine der Lücken ausfüllen, welche
über die Entstehung der slavischen Völker trotz der hoch=
verdienten Arbeiten Schafarik's und anderer nationalen
Gelehrten noch besteht; denn diese gehen mit ihren For=
schungen in der Regel nicht weiter zurück, als bis zu
Nestor, der am Ende des ersten Jahrtausends nach Chri=
stus lebte, entsprechend den Germanisten, welche ihre Un=
tersuchungen selten weiter bringen, als bis auf Cäsar und
Tacitus.

Daß die von den alten Autoren über die Existenz
der Amazonen mitgetheilten Sagen nicht aller thatsächlichen
Begründung entbehren, geht schon aus der Menge und
Mannigfaltigkeit der erzählten Nachrichten hervor, die Ent=
stehung eines oder mehrerer Weiberheere an verschiedenen
Orten läßt sich aber leicht aus der Sitte der orientali=
schen, namentlich der äthiopisch=atlantischen Potentaten
erklären, eine oft mehrere tausend Individuen starke weib=
liche Leibwache um sich zu haben, die hervorgegangen aus
der herrschenden Vielweiberei, bei irgend einer Veranlassung
ihren Führer verlor und dann auf eigene Rechnung ihre
Wanderungen und Raubzüge fortsetzte.

Der Race nach werden die Amazonen des Pontus,
von denen die Sarmaten weiblicher Seits abstammen,
wohl den Atlantiden, d. h. dem schwarzhaarig=dunkelhäutigen
Geschlechte beizuzählen sein, welches wie in Amerika, und
auf der Atlantis, so auch in Europa nach den Mongo=
len die Oberhand erlangte, und in den Egyptern, Phöni=
ziern und den Bewohnern von Tartessus in Spanien zu
hoher staatlicher Blüthe gelangte, aber schließlich von den

weißhäutigen und blondhaarigen arischen, beziehungsweise keltisch-chaldäischen Völker unterjocht wurde, indeß in Blut und Aussehen noch überall vorhanden ist, trotzdem daß seine Sprache wohl allwärts unterging. In meiner dieser Tage hier *) erschienenen Schrift über die H e r k u n f t d e r S z e k l e r habe ich über diese atlantisch-indische oder Zigeuner= Race mich des Weiteren verbreitet, und möchte ich diejenigen, welche sich für ethnologisch-historische Studien, namentlich bezüglich der slavischen und ungarischen Völker, näher interessiren, auf das dort Niedergelegte verweisen, schon darum, weil ihnen dann die Entstehung und die Geschichte der Amazonen leichter verständlich werden dürfte. Wir haben es hier mit Zeiten und Verhältnissen zu thun, welche fast vollständig aus dem Rahmen unserer heutigen Anschauungen heraustreten, und es kostet immerhin einige Mühe, sich in einer Periode der menschlichen Entwicklung zurecht zu finden, welche an die der Pfahlbauten und Höhlenbewohner anschließt, indeß doch schon durch die Erhaltung von Sprachresten, Sagen und historischen Belegen bestimmtere Daten liefert, als die mehr abstrakte Anthropologie, die den Menschen nur naturgeschichtlich behandelt.

Weibliche Leibwachen finden wir in fast allen aethiopischen Ländern; so erzählt Polichius von dem Reiche Cousam, daß der König zu Hütern keine Männer habe, sondern 500 Weiber, die den Bogen führten, und seien sie nur solcher Wacht wegen um Geld gedingt, wie Odoardus Barbarossa anzeige.

In dem Reiche des Musikanos in Indien zogen dessen Weiber wohlbewaffnet mit in den Krieg, wie nach Onosi= critus von Strabon (15. Buch) berichtet wird. Die Weiber ritten theils auf Elephanten, theils auf Pferden, oder sie standen auf Streitwagen und waren in allen Waffen wohlgeübt. Auch vom südlichen Arabien wird Aehnliches erzählt. Onosicritus war mit Alexander in Indien, könnte also nach eigener Anschauung seinen Bericht abge= faßt haben.

Ueber afrikanische Amazonen weiß Diodor aus Sizilien

---

*) Ebenfalls bei Herzfeld und Bauer.

in seiner historischen Bibliothek III. 52. Mancherlei zu
erzählen; zunächst nimmt er für dieselben ein noch höheres
Alter an, als für die kleinasiatischen am Thermodon, was
darauf hindeuten würde, daß sie von Westen nach Osten
gezogen und gleich den anderen aethiopisch-zigeunerischen
Völkerschaften von der Insel Atlantis stammten. Diodor
schildert sie nach Dionysius sodann in nachstehender Weise:
„In den westlichen Theilen Libyens, an der Grenze der
Welt (also in der Nähe des atlantischen Meeres, gegenüber der Atlantis) soll ein Volk gelebt haben, das von
Frauen regiert wurde; diese führten auch Krieg, ver-
pflichteten sich auf eine bestimmte Zeit zum Kriegsdienst
und hatten sich ebenso lange der Männer zu enthalten.
Wenn die Jahre dieses Dienstes vorbei sind, so vereinigen
sie sich mit den Männern, um ihr Geschlecht fortzupflanzen.
Die öffentlichen Aemter und die Verwaltung der allge-
meinen Angelegenheiten behalten sie jedoch ganz für sich
allein. Die Männer leben dort wie bei uns die Frauen,
ein häusliches Leben und gehorchen den Aufträgen ihrer
Weiber; an Krieg, Regierung und anderen Staatsgeschäften
haben sie jedoch keinen Antheil, wodurch sie gegen ihre
Frauen übermüthig werden könnten. Gleich nach der Geburt werden die Knaben den Männern übergeben und diese
ernähren sie mit Milch und anderen gekochten Speisen
nach Maßgabe des Alters des Kindes. Wird aber ein
Mädchen geboren, so werden ihm die Brüste abgebrannt,
damit sie zur Zeit der Reife nicht anschwellen; denn man
hielt es für kein geringes Hinderniß bei der Führung der
Waffen, wenn die Brüste über den Leib hervorragten;
wegen dieses Mangels werden sie auch von den Griechen
Amazonen genannt.“

Letztere Worterklärung soll von maza Brust und dem
Alpha privativum kommen; richtiger wäre aber die Deu-
tung Mann-Weiber von amha Mann und duina, donna,
slavisch zona Frau; denn die Ausbrennung der Brüste
steht keineswegs sicher, selbst nach den alten Sagen nicht;
die Amazonen wurden bei den Griechen immer mit wohler-
haltenen Brüsten abgebildet, und Herodot weiß bei seinen
Thermodon-Amazonen nichts von verstümmelten Brüsten zu
melden; blos Strabon, der mehrere Jahrhunderte später

zur Zeit der erften römifchen Kaifer lebte, bringt wieder
die Sage von Exftirpirung der einen Bruft, nämlich der
rechten, auf's Tapet.

Bei der übermäßig ftarken Entwicklung der Brüfte
bei manchen aethiopifchen Völkern hätte die Entfernung
diefes Hinderniffes beim Kampfe vielleicht einigen Sinn;
es könnte auch darum gefchehen fein, um die Weiber den
Männern ähnlicher zu machen und das Kinderfäugen vor-
weg zu befeitigen, indeß, wie gefagt, ift diefer Theil der
Sage zweifelhaft und nicht auf die nordifchen Amazonen
anwendbar.

Die libyfchen Amazonen follen Heerzüge in die Oft-
länder unternommen haben und bis Vorderafien und Thrazien gekommen fein, eine Annahme, welche mit der weft-
öftlichen Richtung des atlantidifchen Völkerftromes har-
monirt.

Reifende, welche in den letzten Jahrhunderten Afrika
befuchten, wiffen ebenfalls Mancherlei über die dortigen
Weiberheere und Amazonenftaaten zu berichten. So foll
in Damut ein Weiberreich beftanden haben, wie der Mif-
fionär Pater Joannes dos Santos in feiner Description
de l'Ethiopie orientale erzählt; er wiederholt die
Sagen vom Abbrennen der rechten Bruft, der
periodifchen Zufammenkunft mit den benachbarten
Männervölkern (im April), und der Tödtung der gebornen
Knaben, wie letzteres fchon der Römer Juftinus behauptet
hatte. Aeneas Sylvius Piccolomini aus Siena, nachmal-
ger Papft Pius II. (1458—1464) ift weniger graufam,
und meint, den Knaben fei nur das rechte Auge und der
rechte Daumen abgefchnitten worden, um fie dadurch für
die Weiber leichter in Unterwürfigkeit halten zu können;
die Mädchen dagegen feien nicht verftümmelt worden. Ariofti,
der von 1474 bis 1533 lebte, hat in feinem Orlando furioso
im 19. und 20. Gefang den Weiberftaat nach Diodor und
Aeneas Sylvius weiter ausgemalt.

In Monotapa, einem Königreiche in Congo im füd-
lichen Negerlande, foll nach Lopez ein ähnliches Weiberreich beftanden haben (vergl. Levinus Hulfius in Raleigh's
Befchreibung von Guiana, Nürnberg 1599, IV., S. 14).

Diefe fämmtlichen Angaben halten keine fcharfe Kritik

aus, wohl aber ist es konstatirt, und zwar durch Reisende und englische Regierungsagenten, daß in dem Königreiche Dahomeh der Fürst sich heute noch eine mehrere tausend Weiber starke Leibwache hält. Dieses Dahomeh liegt in Nigritien, südlich vom Nigerflusse in Ober-Guinea; der Engländer John Duncan erzählt darüber in seinen „Travels in western Africa 1845 und 1846": „Der König von Dahomeh hat aus den über zwanzigjährigen ausgeschiedenen Frauen seines Harems zehn Regimenter zu 600 Köpfen, also zusammen ein Heer von sechstausenden gebildet. Das Garderegiment, dessen Uebungen der Berichterstatter beiwohnte, wird von der Lieblingsfrau des Königs angeführt. Sie scheeren den Kopf ganz oder theilweise, tragen blau- und weißgestreifte Kleider ohne Aermel, die bis zum Knie reichen, kurze Beinkleider, eine Patrontasche am Gürtel, einen kurzen Säbel, eine Art Keule und ein langes dänisches Gewehr, bei der Uebung sang zuerst das ganze Regiment ein Gedicht zum Ruhme des Königs. Nach diesem darf jede vor die Front vortreten und ihre Treue für den König aussprechen; sowie die eine sich zurückzieht, tritt die andere an die Stelle, so daß die Heerschau eines einzigen Regimentes oft drei Stunden dauert. Dann werfen sie sich zu Boden, wobei sie das Gewehr auf den Rücken nehmen, und kratzen den Staub auf, welcher, da er von rother Farbe ist, ihnen ein furchtbares Aussehen verleiht."

Abgebildet sind diese Amazonen im „Illustrirten Familienjournal" 1863 XIX. 287, wo ihre Zahl auf 3 bis 4000, eingetheilt in Artilleristen, Musketiere, Bogenschützen und Lanzeniere, angegeben wird. Sie seien auch die eifrigsten und geschicktesten Jägerinnen auf Elephanten und Antilopen, bewohnten königliche Hütten und unterhielten sich mit Trinken und Rauchen.

Hier haben wir ein unzweifelhaftes Zeugniß für die Existenz eines Weiberheeres, und nun lasse man dieses Heer aus irgend einem Grunde mit seinem Könige in Konflikt gerathen, oder letztern sonst zu Grunde gehen, so bleibt das herrschende Weiber-Regiment übrig, und daraus ergibt sich dann von selbst der Weiber- oder Amazonenstaat. Daß diese Weiber tapfer sind und von ihren Waffen einen

tüchtigen Gebrauch zu machen wissen, das haben vor weni-
gen Jahren die Engländer erfahren, welche von der Meeres-
küste in die Gebirge von Dahomeh mit einem kleinen Heere
einzubringen versuchten, um sich des Landes zu bemächtigen,
aber von den schwarzen Amazonen mit großem Verluste
zurückgeworfen wurden.

II.

Amazonen in Südamerika.

Der größte Fluß Südamerika's wird Amazonen-Strom
genannt. Er wurde 1539 zuerst von Francesco b'Orellana
befahren, erhielt dessen Namen, wurde aber alsbald in
Amazon umgetauft, als der Entdecker die Kunde nach
Europa brachte, daß seine Ufer von kriegerischen Frauen
bewohnt würden, welche nicht nur Bogen und Pfeile führten, zugleich ihre Felder bebauten, sondern auch unabhän-
gig und abgesondert von den Männern lebten, von denen
sie nur zu einer gewissen Jahreszeit besucht würden. Die
Sprößlinge dieses jährlichen Besuches würden, wenn Mädchen, von den Müttern erzogen, die Knaben hingegen den
Vätern überliefert. Diese Thatsachen hatte Orellana erst
von einem Kaziken an der Mündung des Napo erfahren,
als er aber mehrere hundert Meilen weiter aufwärts fuhr,
wurde er von einem anderen Kaziken, Namens Opuria,
darauf aufmerksam gemacht, daß, wenn er die kriegerischen
Frauen besuchen wollte, die er Conia-pu-yara nannte,
was große Weiber bedeuten soll (näher läge cunn, geao,
gyne, Frau, und air, Mann, also Weib-Mann), so wäre
die Zahl seines Gefolges viel zu gering. In der That
wurden die Spanier weiter oben durch die Indianer an
der Landung durch einen Pfeilhagel verhindert, und be-
merkten sie unter den Feinden zehn bis zwölf Frauen, die
sich nicht allein mit der größten Wuth vertheidigten, sondern auch die Männer zum Widerstande anfeuerten, und
diejenigen, welche dem Gefechte den Rücken kehren wollten,
mit großen Keulen niederschlugen. Nach der Angabe
Orellana's waren diese Frauen groß, von starkem Glieder-

bau, dabei aber von schöner Gesichtsbildung; sie trugen ihre langen Haarflechten um den Kopf gewunden, waren unbekleidet und führten außer den Keulen noch Bogen und Pfeile.

Sieben dieser Weiber wurden im Gefecht getödtet, worauf die Indianer flohen.

Eine andere damit übereinstimmende Nachricht brachte 1541 Cabezo de Vega, welcher den Paragua hinaufgefahren war, um in Peru Gold zu holen. Sein Unterbefehlshaber Hernando de Ribeira wurde von den Indianern nach dem Xarayes-See gewiesen, zwischen dem 15 und 20 Grad südlicher Breite, wo Amazonen hausten, die soviel weißes und gelbes Metall hätten, daß sie daraus Stühle und anderes Hausgeräth verfertigten; den See nannten sie Haus der Sonne. Nach langem mehrmonatlichem Suchen fanden die Spanier aber diese Amazonen nicht, und mußten, von Hunger und Krankheiten gezwungen, wieder umkehren.

Ein Jahrhundert nach Orellana fanden seine Angaben eine neue Bestätigung durch d'Acugna, welcher 1639 den Amazon von Peru aus hinabfuhr, um das Goldland zu suchen.

Er versichert, daß er bei allen Stämmen, die er besuchte, von dem Vorhandensein der Amazonen gehört habe, unter denen ihm namentlich die Tupinambas die genauesten Berichte gaben. Ein Indianer sagte aus, daß er als Knabe bei einem Besuche seinen Vater begleitet habe, und Zeuge gewesen sei, wie alle männlichen Kinder den Vätern ausgeliefert wurden. (Reisen in Südamerika von Christopher d'Acugna, London 1698.)

Am Ende des siebzehnten Jahrhunderts erzählten dem Jesuiten Cyprian Bazarre, der bei den Tapacuras sich befand, die Indianer dasselbe, nur mit der Abänderung, daß die gebornen Knaben getödtet würden.

Auf der Reise, welche Condamine in den Jahren 1744 und 1745 (Reise in das Innere Südamerika's, Maestricht 1778) den Amazon herab unternahm, hörte er überall von den Indianern die Existenz der Amazonen bestätigen; sie hätten aber jetzt ihre Wohnsitze verändert, und sich an den Rio Negro oder andere Seitenflüsse des Amazon, also mehr nördlich, gewendet.

Auf dem Fort St. Joachim am Rio Branco erfuhr er sogar, daß er am Coari (caoir keltisch Fluß) einen Mann finden werde, dessen Vater die Amazonen gesehen. Er traf den Sohn dieses Mannes, Punilha, einen Häuptling, der ihm versicherte, sein Großvater habe mehrere Male diese Frauen gesehen, wie sie an der Mündung des Cuchivara vorüberfuhren, und daß sie von der Mündung des Cayame, von der Südseite zwischen dem Tefe und Coari gekommen seien. Vier dieser Frauen habe er selbst gesprochen, und eine derselben habe ein saugendes Kind auf dem Arme gehabt, sie seien den Rio Negro hinaufgefahren. Unterhalb Coari wurden Condamine dieselben Umstände mitgetheilt, wie er auch bei den Topayos die merkwürdigen grünen Steine fand, die als Amazonensteine bekannt sind. Hier wurde ihm gesagt, daß sie diese Steine von ihren Vätern geerbt, und daß diese sie von den Cougnan-lalnse-cuma, das heißt von den Weibern ohne Männer erhalten hätten.

Dreißig Jahre nach Condamine 1774 bekräftigte der portugiesische Astronom Ribeiro, der eine Reise auf dem Amazon unternommen, alle diese Nachrichten. Auch d'Acugna gibt an, daß die Weiber sich nördlich vom Amazon gewendet, und am Cururls wohnten, wo sie von den Männern des Guacares-Stammes besucht würden.

Sir Walter Raleigh erzählt in seiner Beschreibung von Gulana dasselbe, ebenso Ulrich Schmidel von Straubing, welcher den Zug des Vega und Ribeiro mitgemacht. Der Missionär Gili am Orinoko theilt Folgendes mit: Als ich einen Qua-qua-Indianer fragte, welche Stämme den Cuchivara bewohnten, gab er zur Antwort: Die Archirigotoas, die Pajuroas und die Aikeam-benauoes. *) Da ich mit der Tamanac-Sprache bekannt bin, fiel mir der letztere Namen auf, welcher Frauen, die allein leben, bedeutet. Der Indianer bekräftigte auch meine Bemerkung, und setzte mir auseinander, daß es eine Horde Frauen sei, die lange Blasröhren, Bogen und andere Kriegswaffen verfertigten. Sie erlaubten den Männern des benachbarten Stammes,

---

*) Keltisch aigheau Einsiedler, beauua Frau.

den Vote-aroes (foghe-airo Jagd Männern nach dem Kel=
tischen) einen jährlichen Besuch, und entließen dieselben
mit Geschenken von Blaseröhren. Alle männlichen Kinder,
die von diesen Weibern geboren würden, seien dem Tode
verfallen.

Dieselben Angaben machten dem Richard Schaumburg
in unserem Jahrhundert verschiedene Indianerstämme von
britisch Guiana (Monatsschrift der „Gesellschaft für Erd=
kunde", Berlin 1846 III. 33). „Unter den Macusis, be=
merkt er, fanden wir dieselben Traditionen, ebenso unter
den Arawaaks am Demarara=Fluß, und der Häuptling der=
selben erzählte uns, daß sein Bruder, welcher am obern
Mazaruni lebte, die Weiber einigemal besucht, und von
diesen Wirisamoco, wie er sie nannte, einen der grünen
Steine zum Geschenk erhalten hatte. Sie bearbeiteten ihre
Felder ohne männliche Hilfe, schossen mit Bogen und Blase=
rohr und erlaubten den Männern alljährlich einen Besuch,
ihm wäre von den Frauen aufgetragen gewesen, die Män=
ner seines Stammes zum Besuche einzuladen, doch dürften
ihrer nicht mehr als 20 kommen. Unsere Hoffnungen,
fährt R. Schaumburg fort, weitere Nachrichten einzuziehen,
sind leider nicht in Erfüllung gegangen, vielmehr hat un=
sere Reise nach dem Corentyn sie jetzt auch aus diesem
letzten Schlupfwinkel vertrieben."

Der kriegerische Charakter der südamerikanischen Frauen
hat sich noch in dem letzten Befreiungskriege der Bolivianer
gegen die Spanier kundgegeben, denn die Weiber von Cun=
dinamarka erhielten von Bolivar für ihre Tapferkeit eine
glänzende Auszeichnung. Columbus erwähnt in seiner
zweiten Reise, daß er in Santa Croce ein Canoe getroffen,
auf welchem sich mehrere Weiber ebenso hartnäckig als die
Männer gegen die Spanier vertheidigten, und in Quade=
loupe wäre er sogar von bewaffneten Weibern am Landen
verhindert worden.

Ueber die Bewohner dieser Inseln bemerkt Petrus
Martyr: Beide Geschlechter besitzen große Stärke, und
führen den Bogen meisterlich. Sind die Männer abwesend,
so vertheidigen sich die Weiber bei Ueberfällen ebenso wacker,
wie ihre Männer, so daß sie für Amazonen gehalten
werden.

Am Effelibo begleiten, nach R. Schaumburg, die Weiber der Cariben ihre Männer in den Krieg, und kämpfen
mit Bogen, Pfeil und Keule. Die schmerzhaften Prüfun-
gen, welchen die Mädchen der Cariben sich unterwerfen
müssen (Verwundungen, die mit Pfeffer eingerieben werden,
Fasten, Schweigen u. s. w.), ertragen diese mit unglaub-
licher Standhaftigkeit. Auch bei nordamerikanischen Stämmen z. B., bei den Choctaws findet sich dieselbe Tapferkeit der Frauen.

III.

Pontische Amazonen.

Wichtiger und tiefer in die Weltgeschichte eingreifend,
zeigten sich die Amazonen vom Thermodon in Kleinasien.
Der Thermodon, heutzutage Terme genannt, ist ein Fluß
östlich vom Halys oder, wie er jetzt heißt, Kisil Irmal,
westlich vom Iris oder dem heutigen Tschali Buron oder
Jekil Irmal. An der Mündung des Thermodon, in das
schwarze Meer liegt die Stadt Samsun, früher Amisus,
eine Kolonie der Milesier im vorderen Kleinasien, welche
von da aus längs der ganzen Küste des Pontus auf der
asiatischen, wie europäischen Seite Pflanzstädte angelegt
hatten. Amisus kam zur Zeit der Blüthe Athen's in die
Gewalt dieser Stadt und verlegte auch diese eine Anzahl
Kolonisten hieher. Von dieser Stadt landeinwärts liegt
eine fruchtbare Ebene, von vielen kleinen Flüssen bewässert und im Rücken von waldigen Bergen bekränzt; diese
Landschaft hieß Themiscyra, und hier war in ältester Zeit
die Hauptstation der pontischen Amazonen.

Strabon entwirft ein reizendes Bild von dieser
Gegend; er sagt in seinem zwölften Buche: Themiscyra
ist eine Ebene, ungefähr 60 Stadien (ein Stadium ist
gleich 600 Fuß, 5 Stadien eine Viertelstunde, 60 also
gleich drei Stunden) von Amisus entfernt, auf der einen
Seite vom Meere begrenzt, auf der anderen mit einem
holzreichen, von Flüssen, die daselbst entspringen, durch-
zogenem Gebirge. Aus allen diesen Flüssen entsteht ein

einziger, der die Ebene durchströmt, der Thermodon. Ein
anderer, diesem fast gleicher, kommt aus Phanaröa und
durchfließt dieselbe Ebene; er heißt Iris. Er hat seine
Quellen im (Lande) Pontus selbst, läuft mitten durch die
Stadt Comana Pontica (Comana, Thalort, gleich Como
in Italien vom keltischen cwm Thal, und aon Ort) und
durch die fruchtbare Landschaft Darimonitis (Waldgebirg
dair Eiche, mwnt Wald) gegen Westen, wendet sich dann
gegen Norden gerade bei Gaziura, einem ehemaligen
jetzt verlassenen Königssitz; von hier bengt er wieder gegen Osten, nimmt den Stylax und andere Flüsse auf,
und zieht an den Mäuern meiner (des Strabon) Vater-
stadt Amasia vorbei (Amhald lett. Burg-hoch, im Mittelalter Ameide der höchste Tharm der Ritterburgen), welche
sehr fest ist, nach Phanaröa. Hier vereinigt sich mit ihm
der Lylus (Lech, kleiner Fluß, li-oiche, und nicht Wolfs-
fluß, wie man gewöhnlich deutet), der in Armenien ent-
springt, und selbst zum Iris wird (Iris ist eine gräcisirte
Form für earg, Aar, und bedeutet Fluß nicht Regen-
bogen); dann tritt er in Themiscyra ein, und in das
pontische Meer. Deßwegen ist diese Ebene bewässert und
rasreich, und reicht hin, Heerden von Rindvieh und Pferden zu ernähren; sie gestattet eine große, ja unaufhörliche
Aussaat an Buchweizen und Hirse, denn gute Bewässerung ist in jeder Beziehung besser als blos trockene Hitze.
Auf diese Weise kommt der Hunger niemals dahin, besonders da auch die Berggegenden einen solchen Ueberfluß
wild im Walde wachsender Früchte, von Trauben, Birnen,
Aepfeln und Nußarten besitzen (auch die Kirschen kommen
aus dieser Gegend, wenn auch Cerasus, die Stadt, von
der sie den Namen erhielten, etwas östlicher liegt), daß
die, welche Holz holen, das ganze Jahr hindurch reichlich
Früchte pflücken können, indem einige noch an den Bäu-
men hängen, andere in dem außerordentlich dichten Lager
des herabgefallenen Laubes gefunden werden. Auch jede
Art der Jagd ist hier anzutreffen wegen der Fülle der
Nahrung." Themiscyra bedeutet auf deutsch Flußland,
bewässertes Land vom kelt. tnomaid Gewässer und tir,
terra Land, cyra ist die gezischte Form, wie sie bei allen
atlantidischen oder ligurischen Völkern vorkommt, denn

darin unterscheidet sich durchweg, von Andalusien an bis in die heutigen Slavenländer die Aussprache der Völker, daß bei vorherrschendem atlantibischem Blute die Worte mehr vorn im Munde von den Zähnen und der Zunge gebildet werden, während die aus den trockenen Hochflächen Persiens und der Tartarei stammenden Aren, beziehungsweise Kelten, Araber und Deutsche ihre Töne mehr in der Brust und im hinteren Theile des Mundes bilden; die Aussprache Zizero statt Kikero ist ligurisch, ebenso Zelten statt Kelten; die Slaven, namentlich die Polen haben heute noch diesen Sibillismus als Erbstück von den atlantibischen Amazonen oder von der lächischen (ligyschen) Race bewahrt, während die Wortwurzeln arisch oder genauer bestimmt skythisch und kymbrisch sind, worüber Herodot, wie weiter unten zu ersehen, eine ganz einleuchtende Erklärung gibt.

Oestlich von diesem wohlbewässerten Themiscyra, das an Egypten erinnert, woher die Amazonen mit Sesostris gekommen sein könnten, lag eine andere Ebene, Sibene genannt, ebenfalls fruchtbar, wie Strabon sagt, daher der Name aaidh-aun Saatland.

Dies war die alte Wohnstätte der pontischen Amazonen; hier lebten sie von den Früchten des Waldes und dem nach egyptischer Weise durch Bewässerung fruchtbar gemachten Boden, hier zogen sie die zahlreichen Herden von Pferden, auf denen sie ihre Streifzüge bis weit in das vordere Asien ausführten.

- Es wäre nun zunächst ein Wort über die Züge der Pharaonen zu sagen, welche vor der Entstehung des assyrischen Reiches ganz Vorderasien, ja selbst Thrazien bis zur Donau durchstreift hatten und bald da, bald dort Kolonien zurückließen, so namentlich in Kolchis und wohl auch am Thermodon; indeß liegt über die letztere Annahme keine Belegstelle vor, und scheint es darum erlaubt, bezüglich der Amazonen weiter auf die Züge des Dionysus oder Bakchus zurückzugreifen, da dieser Weiber in seinem Gefolge hatte. Bakchus (der Bechermann nach dem Keltischen) oder, wie ihn die Griechen nennen, der Gott von Nysa (in Aethiopien) kam bis nach Indien, und kann wohl auch von da eine Schaar bewaffneter Weiber mitgebracht haben, die des langen Umherschweifens müde,

endlich in dem schönen Lande von Themiscyra sitzen blie=
ben, um von da aus, frei von der Herrschaft ihres stets
benebelten Gottes und Heerführers, auf eigene Faust Raub=
züge in der Nähe und Ferne zu unternehmen. Beiderlei
Abstammungen, die egyptische von Sesostris und die bakchi=
sche von Nysa, lassen sich indeß vereinigen, da Nysa eine
aethiopische Stadt oder Gegend hinter Oberegypten war,
wie Herodot (II. 146 und III. 97) angibt. Bakchus oder
Jakchus war ein Aethiope oder Atlantide, die afrikanischen
Aethiopen waren aber der Race nach dieselben, wie die
kalantischen Indier, und ihre Wohnungen unterirdisch, wie
die der Cegaiss oder Sicurer in Spanien, der Ligurer in
Italien und der Zigeuner heute noch. Die Kalatier oder
kalantischen Inder wohnten am obern Indus, und hatte
der Perserkönig Darelus mit ihnen zu schaffen. Bei den
indischen Fürsten erhielt sich noch in spätern Zeiten die
Gewohnheit, Bakchuszüge zu veranstalten, indem sie unter
Cymbelklang und in prachtvollen Gewändern in's Feld
rückten. Dabei spielten wohl, wie in Griechenland bei
den Bakchusfesten, die Weiber oder Bakchantinnen eine
Hauptrolle. Die Sage von den Bakchuszügen ist überhaupt
die älteste, die wir kennen, sie scheint aus Egypten zu
stammen, wo Dionysos (Bakchus) als einer der Fürsten
aufgeführt wird, der lange vor Menes, dem Grün=
der des Pharaonenreiches in Unteregypten und Erbauers
von Memphis regierte. Menes lebte um 3233 vor Christus,
Dionysos dagegen soll nach egyptischer Aufzeichnung 15,000
Jahre vor Amasis, dem vorletzten Pharao, dessen Sohn
Psammenit durch den Perser Kambyses 525 vor Christi
gestürzt wurde, in Oberegypten, wohl in Theben, residirt
haben. Osiris und Dionys stehen sich bei den Egyptern
gleich; sein Sohn war Horus oder Oros, der den Typhon
besiegte. Theben ist jedenfalls unendlich älter als Memphis,
und war die dortige Bevölkerung gleich der von Meroë
aethiopisch; darum waren es aber noch keine Neger, denn
diese werden als Nigritier im Alterthume stets scharf von
den Aethiopen geschieden. Die Aethiopen sind die heutigen
Abyssinier, ein schöner, hochgewachsener Menschenschlag, mit
scharfgeprägten Zügen, mit schwarzen aber nicht wolligen
Haaren und brauner Hautfarbe. Ihre ältesten Stammsitze

waren auf der Insel Meroë, oberhalb Egyptens am Nil, wenn man von der untergegangenen Atlantis, von wo sie nach egyptischen Sagen ausgegangen, absieht. Die Einwohner von Meroë beteten neben Zeus, dem Donnergott oder Thor, blos noch den Dionysos, als den Saatenspender, an. Auch jenseits des rothen Meeres, bei den dortigen dunkelhäutigen Arabern, wurde vor dem Einrücken arischer Völker, namentlich der riesenhaften Abiten, Dionysos verehrt. Er war neben der Urania, der Sonnengöttin, der einzige Gott; er hieß bei ihnen Urotal, wie die Urania Alilat. Dabei die merkwürdige Gewohnheit dieser Araber, sich die Haare nach Art des Dionysos, wie sie sagten, zu scheeren, d. h. in einem Kranz um die Schläfen herum, also genau wie es unsere tonsirten Priester heute noch tragen, sonach eine uralte Sitte, gleich der Beschneidung, älter als alle Sagen und Geschichten, als alle Burgen und Tempel, selbst die von Theben nicht ausgenommen. Die Beschneidung stammt nämlich, um dies hier gelegentlich zu erwähnen, von den dunkelhäutigen Ichthyofagen oder Fischessern her, welche vor Entstehung des Pharaonenreiches längs der Küsten der Südsee wohnten, von Indien an bis nach Afrika; von diesem Fischervolk ging die Beschneidung erst auf die Egypter und Juden und dann auf alle Moslims über. Was die Juden, welche heute noch eine Vorliebe für Fische haben, insbesondere betrifft, so widerspricht deren Aussehen vollständig der Sage, als stammten sie von dem Chaldäer Abraham ab; denn die Chaldäer, wie alle Aren waren blond und hellhäutig; das sind aber die Juden in ihrer weit überwiegenden Mehrheit nicht. Eigentliche Egypter, wie die alten Schriftsteller gewöhnlich annahmen, waren sie aber auch nicht, können also nur auf die genannte Fischesser-Race zurückgeführt werden, schon darum, weil von dieser die Beschneidung als nationaler Gebrauch ausging, wie Strabon und Herodot in einer Reihe von Belegstellen erhärten. Die Nachkommen Abraham's mögen darum immerhin im Lande Gosen sich mit ihnen gemischt, und unter ihnen aufgegangen sein, sie schließlich auch aus Egypten am Nordrande des rothen Meeres her um den Sinai herum nach Palästina, in die frühern Sitze der Abrahamiden zurückgeführt haben. Daß sich die Juden nicht scheu-

2

ten, mit den Aethiopen sich zu mischen, geht unzweifelhaft aus dem Beispiele ihres Gesetzgebers Moses hervor, der selbst eine Mohrin oder Kuschitin, wie die Aethiopen bei den Juden hießen, zur Frau nahm. Aaron und Mirjam sprachen zwar dagegen, letztere wurde aber dafür von Jehova mit dem Aussatze bestraft, wie im 12. Kapitel des 4. Buches Mosis zu lesen.

Doch wieder zu den Amazonen. Ob mit Bacchus dem Aethiopen, oder mit Sesostris, dem Pharaonen, an den Pontus gekommen, genug, sie saßen längere Zeit in dem gesegneten Themiscyra, bis sie von den Griechen, denen ihre Raubzüge sehr wenig zusagten, vertrieben wurden. Die Zeit ihrer Ankunft am Thermodon wäre, wenn sie mit Sesostris erschienen 1443 bis 1326 vor Christus, denn um diese Zeit lebten die beiden Pharaonen Seti und (zu Moses Zeit) sein Sohn Ramses II. Majamun, deren Züge von Herodot in die eine Persönlichkeit des Sesostris verschmolzen werden. Diese Züge gingen erst nach dem gegenüberliegenden Arabien, dann nach Syrien und Kleinasien, zuletzt nach Thrazien bis zur Donau, und endlich an den Kaukasus. Ueberall hinterließen diese Pharaonen Gedenktafeln in Felsen gehauen, von denen einige bis auf den heutigen Tag sich erhalten haben, so eine sieben Stunden von Smyrna auf dem Wege nach Sardes, eine andere bei Beyrut in Syrien.

Stammen die Amazonen dagegen von Bacchus, so sind sie noch weit älter und ist die Zeit ihrer Ankunft am Thermodon gar nicht mehr zu berechnen.

IV.

Amazonen nach Europa.

Vom Thermodon aus machten die Amazonen, wie schon bemerkt, Streif- und Raubzüge durch Phrygien bis vor zum ionischen Meere, und sollen sie in jenen Gegenden die Städte Smyrna, Paphus, Ephesus, Kymae und Myrina erbaut oder wenigstens besetzt und längere Zeit

behauptet haben; schließlich wurden sie jedoch von Belle-
rophontes geschlagen uub wieder an den Pontus vertrieben.
Myrina bedeutet nach dem Altgriechischen, wie Strabon angibt, Springerin, und soll dies der Name der amazoni-
schen Reiterin gewesen sein, welche Myrina anlegte oder
beherrschte; auch die Pferde hießen als Springer Myrinol.
Die Iliade spricht von der „sprunggeübten Myrina"; die
Stadt lag in der Nähe von Kymae oder Kumae im nord-
westlichen Kleinasien, und wurde später von Aeolern bewohnt, die aus Griechenland herübergekommen waren.
Smyrna und Ephesus, welche beide südlich davon in Jonien
liegen, sollen von der Smyrna erbaut sein, ebenfalls einer
Amazone, und hieß die letztere Stadt anfangs ebenfalls
Smyrna. (Smior ist keltisch tapfer, muthig, und nae
Frau, muirn dagegen liebevoll, während mir der Strabo-
schen Erklärung von myrina näher käme, da es wild,
heftig bedeutet.)
Auch mit Priamos, dem König von Troja, lagen die
Amazonen in Fehde, bevor der Krieg mit den Achaiern
loebrach, sie hatten ihr Standquartier damals in dem
benachbarten Myrina. Von diesem Kampfe gegen die
Trojaner berichten sowohl Strabon als die Aeneide, ihre
Anführerin hieß hier Penthesilea (bean Frau, thus Fürst,
il groß). Auch über den Hellespont richteten sich ihre
Züge, durch Thrazien bis nach Attila, wo sie von Theseus
und irgend einem der vielen Herkulesse zurückgeschlagen
wurden. Im sechsten Jahrhundert vor Chr. erschienen sie
an der unteren Donau, wie Philostratus heroicus und
Pausanias erzählen. Diese letzteren gehörten indeß wohl
schon den sarmatischen Amazonen an, von denen sogleich
die Rede sein wird. Alexander der Große soll von der
Königin dieser Sarmatinnen besucht worden sein, wie
Justin, Curtius und Diodor erzählen. Auch in dem Heere
des Mithridat sollen sich Amazonen befunden haben, jedenfalls ebenfalls sarmatische, denn vom Nordrande des Pontus zog dieser hartnäckige Gegner der Römer seine streit-
barsten Kriegsleute, so namentlich auch von Asburgion,
einer Sumpfveste auf der asiatischen Seite des kymbrischen
Bosporus, einem Schlumpfwinkel asischer oder alanischer
Seeräuber, aus welcher um jene Zeit auch Odin hervorging.

2*

der mit Hilfe der kymbrischen, beziehungsweise slavischen Wanen oder Wenden, und der sächsischen Alfen (Weißhäute) Norddeutschland und Skandinavien eroberte, wo er eine angeblich neue, im Grunde aber nur altgriechische Religion einführte, wie die Vergleichung der „Edda" mit dem phrygischen Kabirendienste, und den anderweiten griechischen Mythen und Götternamen handgreiflich ergibt ; denn das wesentliche des Kabirendienstes auf Lemnos wie in Phrygien bestand in der Hilfe, welche von den Priestern der Kybele oder der Sonne (cuibhill bedeutet Scheibe, Kreis, Umlauf) durch Lärmen mit Pauken und Posaunen geleistet wurde, um den Wolf, den Drachen, den Satan oder Saturn zu vertreiben, und ihn zu hindern, die Sonne zu verschlingen, was ihr bei jeder Sonnenfinsterniß bevorstand. Die Kybele hieß auch Rhea, ro bedeutet aber heute noch bei den Iren den Mond. Die Griechen verwandelten die Mythe dahin ab, daß sie an Stelle der Kybele die Latona, die Geliebte des Zeus, und an Stelle des Wolfes die Juno, dessen Frau, setzten, welche aus Eifersucht die erstere an der Niederkunft verhindern wollte. Latona gebar aber den Sonnengott Apoll oder Bal und die Mondgöttin Artemis oder Diana. Hier waren es die Kureten (Karier, Kreter), welche der Latona mit Waffenlärm beistanden, um die Juno zu vertreiben. Diese Kureten hatten schon auf dem Berge Ida auf Kreta den Zeus ernährt und geschützt, als er von Saturn verschlungen werden sollte ; sie trugen weibliche Kleider, wie die Kabiren und Balchanten, werden also mit Dionyse oder Balchus aus Aethiopien gekommen, und sonach mit den Amazonen gleicher Art und Herkunft gewesen sein. In Memphis in Egypten wurden die Kabiren göttlich verehrt, aber von Kambyses ausgerottet. Daß die balchischen Amazonen auch in Thrazien und Makedonien Wurzel gefaßt halten, zeigt der dort in hohen Ehren gehaltene Balchusdienst. Auch der bekannte Silenus oder Seilenus wurde dort in den Rosengärten des Königs Midas gefangen gehalten. Seilean bedeutet keltisch wilde Biene, aus deren Honig der erste Meth bereitet wurde, Seilen war demnach ein Bier- und kein Weintrinker.

In der nordischen Mythologie ist es nun der Fenris-
wolf oder Feuerwolf, welcher das Weltall verschlingen will,
und die Einheriar oder die Geister der gefallenen Helden
sind die Helfer Odin's und seiner Asen, um das Unthier
zu vertreiben. Cabhalr bedeutet keltisch Helfer, und, sonder-
bar genug, die Chinesen vertreiben heute noch den Drachen, welcher bei jeder Sonnenfinsterniß dies Gestirn in
seinen Rachen zu nehmen droht, durch Schreien und Trom-
mellärm. In ähnlicher Weise sind alle anderen Sätze der
Eddischen Religionsanschauung der urgriechischen oder
phrygischen Mythologie entlehnt, denn die Asen des kymmerischen Bosporus standen in lebhaftem Verkehr mit den
griechischen Städten, welche längs der Küsten der Krim
namentlich von Milet aus angelegt waren. Der Leser ver-
zeihe diese Abschweifung, die nebenbei zeigen soll, daß die
nördlichen Gestade des Pontus in steter Verbindung mit
Kleinasien sich erhielten, und daß die Uebersiedelung der
Amazonen vom Thermodon nach der Krim für die damalige
Zeit nichts Außerordentliches war.

Die Griechen nämlich, besonders die Milesier, welche
sich in Amisus oder Samsun festgesetzt hatten, fanden die
Nachbarschaft der wilden Amazonen sehr lästig, geriethen
mit ihnen in Fehde und transportirten sie, insoweit sie
ihrer habhaft werden konnten, über das Meer in die weiten Steppen der Scythen. Herodot erzählt hierüber in
seiner gemüthlichen Weise Folgendes, und zwar da, wo er
von den Sauromaten oder Sarmaten spricht:

„Als die Hellenen mit den Amazonen kämpften (die
Amazonen aber nennen die Scythen Oeorpata, welches
Wort nach unserer Sprache Männertödter heißt — Oeor
nämlich heißt der Mann, und pata tödten — im heutigen Irischen würde es air und bas lauten), damals, erzählt
die Sage, seien die Hellenen als Sieger in der Schlacht
vom Thermodon auf drei Fahrzeugen heimgeschifft mit all'
den Amazonen, welche sie gefangen bekommen; die hätten
sich aber auf der See an die Männer gemacht, und sie
erschlagen. Nun seien sie der Fahrzeuge nicht kundig gewesen, weder des Gebrauches der Steuer, noch der Segel,
noch der Ruder; daher sie dann nach Erschlagung der
Männer Wind und Wellen überlassen waren, und so nach

Kremnoi (dem Felfen der Krim) am Mäotifchen See kamen. Diefes Kremnoi ift im Lande der freien Skythen (d. h. nicht der königlichen, oder einem Könige unterworfenen, welche mehr öftlich, am Nordfuße des Kaukafus faßen, und aus welchen fpäter die Alanen, Kabaren und Magyaren hervorgingen). Dafelbft ftiegen die Amazonen aus den Fahrzeugen und nahmen ihren Weg in's bewohnte Land hinein, machten da die erfte befte Roßherde zur Beute, und fo beritten plünderten fie im Skythenlande.

Die Skythen wußten nicht aus dem Ding klug zu werden, kannten ihre Sprache nicht, noch die Kleidung und den Volksftamm, fondern hatten ihr Wunder daran, wo fie herkämen; hielten fie jedoch für lauter Männer eben folchen Alters und lieferten ihnen auch eine Schlacht; und wie die Skythen aus diefer Schlacht die Todten in die Hand bekamen, fahen fie erft daran, daß es Weiber waren. Da beriethen fie fich und befchloffen, auf keine Weife fie mehr zu tödten, fondern ihre jüngften Männer zu ihnen hinauszufchicken, in ungefähr gleicher Zahl, wie jene waren, um fich in ihrer Nähe zu lagern, und dann immer daffelbe zu thun, was jene thäten; wenn fie fie aber verfolgten, nicht zu kämpfen, fondern zu weichen, bis fie nachließen, und dann gleich wieder in ihrer Nähe zu lagern. Diefen Rath faßten die Skythen in der Abficht, von diefen Weibern Kinder zu bekommen.

Die Jünglinge wurden hinausgefchickt und thaten nach ihrem Befehl. Da nun die Amazonen merkten, fie feien ganz ohne feindliche Abficht gekommen, ließen fie fie gehen, rückten aber von Tag zu Tag näher Lager an Lager. Die Jünglinge hatten aber, ebenfo wie die Amazonen, nichts als ihre Waffen und Pferde und lebten nur, wovon auch jene lebten, vom Jagen und Plündern (bei den kymmerifchen Wanen oder Feldbebauern nämlich, welche fpäter als Wenden nach der Oftfee zogen und hier den ebenfo plünderungsfüchtigen Sachfen in die Hände fielen).

Herodot erzählt nun weiter getreulich, wie fich erft einer der jungen Skythen mit einer Amazone verftändigte, durch Zeichen nämlich, und am zweiten Tage ihrer mehrere zum Stelldichein kamen und fchließlich alle kirre wurden; darauf vereinigten fie ihre Lager und wohnten beifammen.

und Jeder hatte die zum Weibe, zu der er sich zuerst
gesellt hatte. Ihre Sprache waren nun zwar die Männer
nicht im Stande von ihren Weibern zu lernen (das
Baskische, welches wohl ziemlich ursprünglich erhaltenes
Atlantidisch ist, hat bis jetzt auch noch Keiner, dem es nicht
angeboren, zu erlernen vermocht), aber die Weiber nahmen
die ihrer Männer an (mit der Einschränkung, daß sie das
Skytisch-Arische oder Keltisch-Chaldäische ihrer Männer nach
atlantidischer Weise zischten und dadurch den Unterschied
zwischen dem heutigen Polnischen und Ungarischen hervor-
brachten, obwohl beide Sprachen dem arischen Stamme
angehören. Vergleiche mein Schriftchen: Sind die Ungarn
Finnen oder Wogulen?).

Da sie nun einander verstanden, sprachen die Männer
zu den Amazonen, wie folgt: „Wir haben Eltern, wir
haben Vermögen, so laßt uns denn nicht länger dieses
Leben führen, sondern zurückkehren und unter dem Volke
leben. Ihr aber sollt unsere Weiber sein und keine anderen.
Diese sagten hierauf Folgendes: Wir würden unter eueren
Weibern nicht hausen können, denn wir haben nicht dieselben Sitten wie sie."

„Wir führen Bogen und Wurfspieß, und sind berltten;
Weiber-Arbeiten aber haben wir alle keine gelernt; euere
Weiber aber thun keines der besagten Dinge, sondern
treiben ihre Weiber-Arbeiten, wobei sie immer auf ihren
Wagen bleiben, ohne auf die Jagd auszugehen, oder sonst
wohin. Wir würden uns also nicht mit ihnen vertragen
können. Darum, wenn ihr uns zu Weibern haben und
euch ganz rechtschaffen zeigen wollt, so geht zu euren Eltern, und zieht euer Erbtheil, und wenn ihr dann wieder-
kommt, hausen wir für uns selbst."

„Die Jünglinge nahmen das an und thaten es. Wie
sie dann mit ihrem Erbtheile wieder zu den Amazonen
zurückkamen, sprachen die Weiber zu ihnen: „Es ist uns
angst und bange, in diesem Lande zu wohnen, da wir
einmal euch von euren Vätern losgerissen, und dann
eurem Lande so viel Schaden gethan haben. Darum, weil
ihr uns doch zu Weibern haben wollt, so laßt uns jetzt
aus diesem Lande wegziehen und jenseits (d. h. westlich)
des Tanaisstromes wohnen."

„Die Jünglinge nahmen auch das an, und sie gingen
über den Tanais (Don) und machten einen Weg bis auf
drei Tage vom Tanais gegen Sonnen-Aufgang, und drei
vom See Mäotis gegen den Nordwind, worauf sie in die
Gegend kamen, wo sie jetzt wohnhaft sind, und sie zum
Wohnplatze nahmen. Und vor daher haben die Weiber
der Sauromaten noch ihre alte Lebensart, gehen zu Pferde
auf die Jagd, mit und ohne die Männer, gehen in den Krieg,
und tragen auch denselben Anzug, wie ihre Männer. Die
Sprache der Sauromaten ist eigentlich skythisch, obschou
ein Wälsch vom Ursprünglichen her, da die Amazonen das
Skythische nicht ganz richtig erlernten. Das Heiraten an-
langend besteht bei ihnen die Einrichtung, daß keine Jung-
frau heiratet, bevor sie nicht einen Feind getödtet hat.
Und einige von ihnen kommen an's Ende ihrer Tage, ehe
sie heiraten, weil sie den Gesetzesbrauch nicht erfüllen können."

Soweit Herodot im vierten Buche seiner Geschichte.
Das ethnologisch entscheidende seiner Angaben ist, daß die
Amazonen eine andere Sprache redeten als die Skythen,
und den Wortschatz der Letzteren annahmen, daß sie sonach
einer anderen Race angehört haben müssen, als der arisch-
medischen, zu welcher die Skythen ihrer Sprache nach, von
der hunderte von Denkmälern übrig sind, gerechnet werden
müssen. Der zweite wichtige Punkt ist, daß die Bräute
oder jungen Weiber, um sich verheiraten zu können, stets
zum Krieze drängen mußten, und da sie ohnehin die Hosen
anhalten (wie heute noch bei den Polen), die Sarmaten
dadurch in die Lage brachten, entweder alle benachbarten
Völker bekriegen zu müssen, oder unterzugehen. Das erstere
ist nun geschehen, und das sarmatische Reich dehnte sich zur
Zeit seiner größten Verbreitung in den letzten Jahrhunderten vor Christus von der Wolga und dem Don bis zur
mittlern Donau und Weichsel aus. Auch die weiten sarmatischen Gewänder scheinen von den Weibern herzurühren, und
den Männern oktroyirt worden zu sein, denn die alt-
medischen Hosen waren knapper und lagen mehr am
Körper an.

V.

Zeit der Uebersiedlung.

Bevor ich über den Zeitpunkt, in welchem die Amazonen durch die Griechen nach den nördlichen Gestaden des Pontus übergesiedelt wurden, die nöthigen Daten beibringe, sei es gestattet, über die von Herodot etwas abweichenden Angaben Strabon's mich zu verbreiten. Strabon, der mehrere Jahrhunderte nach Herodot lebte, erzählt den Hergang in Betreff der Einigung mit den Sythen nämlich anders und weniger glaubwürdig, findet auch, wie es seine Gewohnheit ist, allerhand daran zu bekritteln; zunächst behauptet er, nach Metrodor und Hypsikrates, die Sitze der Amazonen seien erst im Norden des Kaukasus, am Cerauuischen Gebirge an den Grenzen der Gargareer gewesen. Diese Gargareer sind wohl dieselben, welche sonst Kerketen, heutzutage in gezischter Form Tscherkessen genannt werden, ein Waldvolk von keirk, koik, Eiche, Rinde, cortex. Der Name kehrt auch am Riesengebirge in den alten Corcontiern wieder. Also dort neben den Tscherkessen, welche bekanntlich von den alten Alano-Sythen abstammen, hätten die Amazonen gehaust. „Die ganze Zeit des Jahres verrichten sie," erzählt Strabo, „Alles für sich, und besorgen das Pflügen, Pflanzen und das Weiden, besonders der Pferde; die Stärksten üben sich häufig in der Jagd zu Pferde und in den Geschäften des Krieges. Allen wird noch als Kindern die rechte Brust ausgebrannt (wovon Herodot nichts weiß), damit sie den Arm zu allen Uebungen, besonders zum Wurfspießwerfen mit Leichtigkeit gebrauchen können. Sie bedienen sich auch des Bogens, der Streitart und des leichten Schildes. Aus Thierfellen machen sie sich Helme, Decken und Gürtel. Zwei Monate im Frühling sind von den Arbeiten ausgenommen, wo sie auf das nahe Gebirge gehen, das sie von den Gargareern trennt. Auch diese kommen nach altem Gebrauche herauf, opfern und begatten sich mit den Weibern blindlings und in der Dunkelheit. Wenn diese nun Mädchen gebären, so behalten sie diese für sich, die Knaben hingegen bringen sie jenen zur Erziehung. Jeder nimmt so ein Kind gern an, das er bei der Ungewißheit für das seinige hält. Der Mermabalis (Kuban) stürzt vom Gebirge herab und durchströmt das Gebiet der Amazonen, Siracene (Land der Siraken am Ausflusse des Kuban) und die ganze dazwischen liegende Einöde, und ergießt sich in die Mäotis (Asow'sches Meer). Die Gargareer sollen von Themiscyra mit den Amazonen in diese Gegenden heraufgezogen sein (Irrthum, denn sie kamen zunächst aus Armenien, dahin aber aus dem Chaldäer-Lande bei Babylon, wie die irischen Jahrbücher mit allem Detail in Thatsachen wie Zeltbestimmungen angeben; sie waren auch anderer, d. h. hellhäutigerer Race als die dunklen Amazonen); sie, die Tscherkessen, seien aber von ihnen abgefallen, fährt Strabon fort, und hätten mit einigen Thraziern und Euböern, die bis hieher zu ihnen sich verirrten, die Amazonen bekriegt; später legten sie aber den Krieg bei und machten, unter den gedachten Bedingungen mit einander einen Vergleich, daß sie blos der Kinder wegen mit einander Gemeinschaft haben, sonst aber beiderseits für sich leben wollten." Soweit Strabon. Man sieht auf den ersten Blick, daß die von ihm gegebene Version eine von den Griechen gemachte, und wenn auch im Wesentlichen mit Herodot's Erzählung übereinstimmende, doch in wichtigen Nebendingen unhaltbare ist; so namentlich die Angabe, daß der Sitz der Amazonen unmittelbar am Kaulasus im oberen Theile des Kuban gewesen, während Herodot sie weit natürlicher erst in die Krim und dann auf das Westufer des Don verlegt, wo einzelne Schaaren der Alano-Slythen frei herumschwärmten, während östlich davon die unfreien, das heißt unter Königen stehenden sogenannten königlichen Slythen ein geordneteres Staatswesen bildeten, mit welchem aber die Amazonen sich nicht befreunden wollten. Der Unterschied zwischen den Sarmaten und den reinen Slythen am Kaukasus erklärt sich nach Herodot ohne allen Zwang, während Strabon hierüber keine Auskunft zu geben im Stande ist. In der Hauptsache indeß, welche darin besteht, daß die Amazonen mit einem Theile der Slythen oder Tscherkessen sich verbanden und daraus ein eigenes Volk, das der Sarmaten oder Suirmaten (mächtiges Weibervolk) entstand, stimmen alle alten

Autoren überein, und dies ist für die Geschichte und Eth-
nologie Jazygiens und Polens das Entscheidende.

Es bleibt nun noch ein Wort über die Zeit zu sagen,
zu welcher die Uebersiedlung der Amazonen vom Thermodon (zu deutsch: warmes Wasser, Badefluß) nach dem Tanais oder Don (Fluß, Donau, keltisch tain, tuin, ossetisch-
alanisch don) erfolgte.

Da das kriegerische Weibervolk mit Theseus in Athen
und Priamos in Troja in Fehde lag, Ersterer aber um
1350, Letzterer um 1300 vor Christus lebte, so müssen die
Amazonen damals noch in Kleinasien gehaust haben. Von
den Griechen wurden sie vertrieben, und zwar ohne Zweifel
von den Milesiern, welche Amisus im Lande Themischyra
gründeten; zu derselben Zeit legten sie auch Sinope und
Trapezunt an, die erstere Stadt 785 vor Christus, die
zweite 756. Ungefähr um dieselbe Zeit wird nun auch
Amisus von ihnen gebaut worden sein, fällt also die Nie-
berlage der Amazonen am Thermodon in diese Periode.
600 Jahre vor Christus stand Milet als Metropole
an der Spitze von 75 bis 80 Pflanzstädten
im Pontus, waren sonach die Amazonen damals
aus Themischyra entfernt. Als Dareios I., Sohn des
Hystaspes, um 515 vor Chr., seinen verunglückten Zug
gegen die Skythen unternahm und zwar von der unteren
Donau aus, stieß er schon auf die Sarmaten, welche sich
unter den Oberbefehl der Könige Jdanthyrsos, Skopasis
und Taralis, sämmtlich den sogenannten Königsskythen
angehörig, gestellt hatten. Die Skythen bildeten drei Hee-
reshaufen, wovon derjenige, welchem die Sarmaten zuge-
theilt waren und der unter Skopasis stand, die Perser in
das Innere des Landes längs der Küsten des Schwarzen
Meeres locken sollte, während die beiden anderen sich mehr
nördlich und westlich zogen, um den Krieg in die Lande
der Neurer (oder Nervler) und der Agathyrsen zu spie-
len, welche beiden Völker den Skythen Hilfe versagt hatten,
gleich den Tauriern auf der Krim. Diese waren nämlich
anderen Stammes und hatten von den Sarmaten stets
viel zu leiden. Die Neurer gehörten zum kimmerisch-slavi-
schen Volke, das sich später an die Ost- und Nordsee zog,
wo es als Kymbern eine gewaltige Rolle spielte, dann

auch Belgien eroberte und als Nervier dem Cäsar manuhaften Widerstand leistete (near ist mächtig, earb trotzig, daraus entstand sowohl Neurer als Nervier). Die Agathyrsen waren ein Ueberrest der alten braunhäutigen Race in Siebenbürgen, denn aigho ist Berg und tuirse braunroth; sie wurden von den Daken, die aus Thrazien kamen, kurz darauf nach der Ostsee vertrieben, wo sie Ptolemäus kennt, und flüchteten von da theils nach Standinavien, wo sie als Thursen in der „Edda“ oft genannt werden, theils nach dem nordöstlichen Schottland, wo sie als Kaledonier oder Bergschotten heute noch vorhanden sind; galodin bedeutet bei den Iren: Fremdling; ihre Ankunft von der Ostsee wird in den irischen Sagen erzählt. Die Taurier auf den Gebirgen der südlichen Krim, welche ebenfalls den Stythen die Hilfe verweigerten, gehörten wohl derselben Race, wie die Agathyrsen au; in den Ebenen der Krim trieben indeß damals schon die Kymmerier Ackerbau. Diese Kymmerier oder Krimbewohner sind dieselben, welche in der „Edda“ Wanen und später an der Ostsee Wenden genannt wurden; von ihnen stammen in ihrer Mehrheit die slavischen Bauern, während aus den Sarmaten, wie schon bemerkt, der polnische Adel hervorging, wozu denn freilich mancherlei Zusätze, so namentlich Bojer aus Gallien kamen und zwar schon 3—400 Jahre vor Chr.; es sind dieselben, die Rom verbrannten, dann auch nach Ungarn und Serbien und schließlich selbst bis nach Galatien in Kleinasien gelangten. Bayern und Böhmen erhielten von diesen Bojern den Namen, in Polen die Buren an der oberen Weichsel, Viehhirten, wie alle Bojer, welche das kurzhornige, meist rothbraune Rindvieh aus Gallien und Spanien nach Mitteleuropa brachten; bu oder buar ist Kuh, Rindvieh. Dasselbe stammt ursprünglich aus Egypten, während die langhörnigen weißlichen Ochsen mit den Steppenvölkern aus Hochasien kamen, wo aus deren Hörnern die großen Bogen verfertigt wurden, wie schon 4000 Jahre vor Chr. die Chinesen berichten. Wild war dieser Ochse jedoch von jeher auch in Deutschland vorhanden, neben dem Renuthier und dem Auerochsen oder Wisent (Bison), wie die Funde in den schwäbischen Höhlen bezeugen. (Vergl. Oskar Fraas' Funde im Hohlefels,

Archiv für Anthropologie V.' Band.) Die Amazonen, die
Stammmütter der Sarmaten müssen nach den obigen Zah-
len etwa um 700 vor Chr. nach Europa übersiedelt
sein und waren 200 Jahre darauf, zu Dareios' Zeit, schon
zu einem gewaltigen Heerhaufen angewachsen, sonst würden
sie nicht neben den Königsscythen oder Kaukasus-Alanen
als besonderer Theil des Kriegsvolkes in der Geschichte
aufgeführt werden.

VI.

Tausendjähriges Sarmatenreich.

Daß die Weiber selbst in den späteren Jahrhunderten,
d. h. noch bis zu Anfang unserer Zeitrechnung, bei den
Sarmaten ausschlaggebende Faktoren blieben, ergibt sich
aus dem Zeugnisse des Hippokrates und des Plinius (6., 7.),
der sie Sarmatae gynäkokratumenoi nennt, Sarmaten,
bei denen die Weiber herrschen; die dunkle, fast bräunliche
Hautfarbe der Amazonen hat sich aber durch die Ver-
mischung mit den blonden, weißhäutigen Scythen allmählich
verloren; daß letztere aber eine weiße Haut, derma leukon,
hatten, bezeugen alle alten Autoren, die von ihnen spre-
chen, so namentlich Aristoteles, Galenus, Plinius und
Vitruvius. Mongolen waren sie ganz entschieden nicht,
trotz Niebuhr, Böckh, Hansen, v. Hammer und Anderer,
dies beweisen schon ihre Götterlehre und die erhaltenen
Sprachreste, die ebenso leicht aus dem Altkeltischen erklärt
werden können, wie alle anderen arischen Worte.

Plinius nennt die Sarmaten medorum soboles, Sprößlinge der Meder, die Chaldäer aber, von welchen nach den
irischen Angaben die Scytho-Sarmaten direkt abstammten,
waren medische Krieger, und zwar deren Soldatenkaste,
die sich bei ihrer Verbreitung über Asien und Europa in
mehrere Völker schied, so namentlich in die Perser und
Kaukasus-Scythen, dann in Folge von Uebersiedlungen
aus Phönizien nach Afrika, Spanien und Gallien in
Gallegos, Galläer, Belgen und Iren. Die Assyrer waren
es, welche diese Chaldäer schon zu Nimrod's Zeiten aus
Babylon vertrieben hatten. Damit stimmt auch Diodor

überein. Die Parther, die Nachkommen der alten skythischen
Massageten trugen dieselbe Kleidung, wie die Kaukasus-
Skythen, weit, und nicht wie bei den Deutschen hart am
Leibe anliegend. Die parthische Tracht aber war die medische.
Auch die Waffen der Parther und Skythen waren dieselben.
Ebenso trugen alle Skythen bis weit hinein nach Asien,
d. h. bis zu den alten Massageten denselben Namen nämlich
Alanen, Alaunen (Ulanen), Alano-Skythen, vom keltischen
oder medischen al Pferd, franz. aller, gehen, ungarisch
versetzt in lo, also Reiter.

Was dagegen die heutigen Großrussen oder Mosko-
witer betrifft, welche von Einigen als Nachkommen der
Skythen betrachtet werden, so stammen sie durchaus nicht
von denselben ab, sondern von einer Reihe kleiner finnischer
oder Fischervölker, als der Weßen, Merier, Muromen und
Viatitschen; diese Völkchen geriethen erst unter skythische,
dann unter gothische und skandinavische Herrschaft, schließlich wurden sie im zwölften und dreizehnten Jahrhundert
von Novgorod und Kiev aus slavisirt und christianisirt.
Ihre Sprache gehört jetzt dem arischen Stamme an, es
bleibt aber fraglich, ob die eigentlichen Finnen in Finn-
land nicht eher als Kelten denn als Mongoliten, wie man
gewöhnlich annimmt, zu betrachten seien; sie standen jedenfalls in Kontakt mit den baltischen Kelten, von welchen
sie Forn-Jotunen, Eis-Joten oder Frost-Gothen genannt
wurden, gleich den Finnen Skandinaviens. Ihr eigentlicher
Name ist Quenen, von cuan, cuain, See, Ocean, denn
sie waren Fischer, früher wie heute noch. Herodot nennt
alle Finnen Menschenfresser. — Der Name der Skythen
machte allmälig dem der Sarmaten Platz, weil diese
schließlich die Oberhand in ganz Südrußland erlangten,
und die Königsskythen oder Skoloten, ihre ursprünglichen
Stammväter, wieder an den Kaukasus zurückdrängten, von
wo letztere erst nach Zertrümmerung des großen Sarmaten-
Reiches durch die Gothen und Hunnen als Alanen wieder
zum Vorschein kamen. Die Sarmaten, deren wildes Leben
bei den andern Skythen vielfach Anklang fand, waren
nämlich durch Ueberläufer von den kaukasischen Stämmen
dergestalt mächtig geworden, daß sie vom Asov'schen
bis zum baltischen Meere und an der Donau

aufwärts bis an die julifchen Alpen herrfchten, dabei aber auch den größten Theil des Landes verwüfteten, wie Diodor berichtet. Auf diefem ausgedehnten Gebiete zerfielen fie indeß bald in mehrere Unterabtheilungen, von denen eine wieder den alten Slythen=Namen Jazygen führte. Diefer Name kommt fchon in den irifchen Jahrbüchern als Bezeichnung für die Kaukafus=Slythen vor, er lautet dort Jath-skiot, Pfeilvoll oder Pfeilland, alfo der Bedeutung nach dasfelbe was Slythe, denn sgiot, sgaid oder saighsadh ift Pfeil, sagitta. Sgob bedeutet auch Herr, Lord, Ober= befehl. Eine andere Abtheilung der Sarmaten waren die Rac-Alanen oder Roxolanen (reagh, Recke oder righ, König, rex), tapfere oder königliche Alanen, beziehungs= weife Ulanen oder Reiter, und verfchiedene andere, deren Namen jetzt fämmtlich verfchollen find; blos der der Jazy= gen hat fich in Ungarn bis heute erhalten. Die Rac= Alanen, welche ziemlich nördlich zwifchen Don und Dnieper hauften, ftellten einmal 50,000 Streiter unter ihrem König Tafius (tuath, duais Fürft) gegen Mithridates Eupator, welcher feinen Feldherrn Diophantos mit 60,000 Mann wider fie ausgefchickt hatte, und fie auch in die Flucht fchlug. Sie trugen damals gleich den Amazonen Helme von Ochfenleder, eben folche Panzer und geflochtene Schilde, dazu Lanze, Schwert und Bogen.

Die Jazygen hauften fchon vor Ankunft der Gothen in Ungarn, da, wo fie jetzt noch fitzen, nämlich zwifchen der Theiß, der Donau und den nördlichen Karpathen, welche damals das farmatifche Gebirge hießen; fie waren dahin wohl vom obern Dniefter her gekommen, indem fie die Daken in die Wälder Siebenbürgens zurücktrieben. Daß die Jazygen eine Abtheilung der Sarmaten war, geht übereinftimmend aus allen griechifchen und römifchen Auto= ren hervor, namentlich aus Strabon und Plinius, welche fie Jazyges sarmatae nennen, andere bezeichnen fie ab= wechfelnd bald blos als Sarmaten, bald blos als Jazygen. Abtheilungen der Rac=Alanen hielten fich indeß noch lange öftlich von Siebenbürgen, an der pontifchen Küfte, dort nennt fie Tacitus eine sarmatica gens; ebenfo führt fie die Tabula Peutingeriana noch im Weften des Don auf; fie fielen von da aus im Jahre 70 n. Chr. in der

Walachei ein und mußte der römische Kaiser Hadrian Friede mit ihnen schließen.

Was die Polen betrifft, so war dies eine sarmatische Abtheilung, welche vom Dnieper aus nordwestlich zog, wohl zur Zeit, als die deutschen Völker der Suaben (Sueven), der Sasonach (Sachsen, Sasones bei Ptolemäus, Sassaniden in Persien) und der Gothen vom Aral-See her in die pontischen Ebenen rückten, ihrerseits gedrängt von den türkischen Hlungnu und den Kumanen. Die Tabula Peutingeriana zeigt die Suabi und Sasonach (wie heute noch die Iren den Namen schreiben) am Aral-See, damals galten sie den Römern ebenfalls als Sarmaten, wie alle Nomaden zwischen Weichsel und Aral.

Ueber das Vorrücken der Sarmaten nach Polen hin bringt Curtius die Meldung, daß der Skythen Volk, einst in der Nähe Thraziens hausend, von Osten her nach dem Norden sich zog; dieser Theil der Skythen waren Sarmaten. Ptolemäus dehnt seine Sarmatica bereits bis zur Ostsee aus und sagt, das europäische Sarmatien reiche von den Germanen und Daken bis zum Don, das asiatische bis zur unteren Wolga oder dem Rha; weiter hinten beginne das eigentliche Skythien bis zum Imaus, — wo aber damals keine Skythen mehr, sondern Deutsche und Türken hausten.

Bei dieser Gelegenheit sei der naiven historischen Auffassung gedacht, welche die Deutschen, namentlich die Gothen, auf drei Schiffen aus Skandinavien nach Pommern gelangen und von da aus Europa erobern läßt. Auf dem einen Schiffe sollen die Ostgothen, auf dem zweiten die Westgothen und dem dritten die Gepiden gesessen haben. So erzählt Jornandes oder Jordanes, und der Fabel Glauben beimessend, folgten ihm die Germanisten unserer Tage, weil sie um alles gern von dem „Löwenvolke" der Schweden abstammen möchten, das im dreißigjährigen Kriege so großen Segen über Deutschland gebracht hat, daß unser armes Volk ein ganzes Jahrhundert daran zu verdauen hatte und jetzt noch die Folgen verspürt. Ein Löwenvolk sollen die Schweden aber deshalb sein, weil sie von Jornandes Lio-thida genannt werden; lia ist aber Wasser und nicht Löwe, und die Schweden waren schon

zu Tactus Zeiten, ein Seeräubervoll, „qui classibus
valent", die ersten Wikinger, die schon seit Odin in dem
gottgefälligen Werke des Raubens und Mordens eingeübt
waren.

Die drei Schiffe mit Löwen- oder vielmehr Gothen-
voll sollen im Stande gewesen sein, das damals gewaltige
Reich der Sarmaten zu zertrümmern, von denen die Rac-
Alanen dem Mithrida allein 60,000 Reiter entgegenstellen
konnten! Gothen gab und gibt es allerdings in Schweden,
schon in der Edda werden sie als Joten oder Jotunen aufgeführt; das war aber ein schwarzhaariges Geschlecht, entstanden aus der Mischung der von Litthauen herüberge-
kommenen Gelonen mit den dunkelhäutigen Thursen oder
Tuirsen, weshalb die Asen unter Odin sammt den Alfen
(Sachsen) mit denselben in steter Fehde lebten und dadurch
ihre theilweise Auswanderung nach Deutschland veranlaß-
ten, wo sie als Giukungen oder Burgunder auftraten und
sich mit den Römern gegen die Deutschen verbanden. Die
schöne Chriemhild sammt ihren Brüdern Gunter, Gerenot
und Gieselher nebst dem wilden Hagen und den andern
Niflungen waren nach der Edda nicht blonde Germanen,
sondern von Haaren schwarz wie die Raben. Die wirklichen
Deutschen, d. h. die Sasonach, die Sueven und die Gothen,
welche durch ihre Massen das römische Reich über den
Haufen warfen, kamen ganz wo anders her, aus Hochasien nämlich, wo die Usen und Sachsen, Sasonach, schon an
den Grenzen China's 180,000 Streiter in's Feld stellen
konnten, wie die Chinesen berichten, und die Sueven und
Gothen noch mehr. Diese deutsch-tartarischen Völker kamen
zu Anfang unserer Zeitrechnung in einzelnen Haufen nach
Europa, und schoben die Sarmaten allmälig westwärts,
ein großer Theil von ihnen blieb aber in Asien zurück,
und stiftete dort gewaltige Reiche, so das der Sassonach
oder Sassaniden in Persien, das von 226 bis 636 nach
Chr. dauerte, wo es von den Islamitischen Arabern zer-
stört wurde, gerade wie vorher das Reich der scythischen
Parther oder Arsaciden von den Sassonach zertrümmert
worden war. Die Gothen herrschten einst von der Bucharei
bis zum Indus, ungefähr von Christi Geburt an volle
500 Jahre lang, und fanden ihren Untergang erst durch

3

34

die Türken und Mongolen. Doch sitzen jetzt noch am obern
Indus gothische Völker, wie in Klaproth's tableaux historiques
de l'Asie nachzulesen.

Die Gothen also vertrieben die Sarmaten aus Ruß-
land, so daß letztere, getrennt durch die sarmatike oro
oder die Karpathen, von da an in Jazygen an der Theiß
und in Polen an der Weichsel zerfielen.

So folgte in Asien wie in Europa dem Reiche der
Skythen das der Deutschen und hinter den Deutschen das
der Türken und schließlich das der Mongolen; an Stelle
der alten Massageten traten in Asien die ebenfalls skythischen Parther oder Arsaciden, denen die Saffonach folgten, in Europa kamen hinter den Skyth-Alanen und Sarmaten die Gothen und hinter diesen die Hunnen, Bulga-
ren und Petschenegen, letztere einerlei Stammes, dann
wieder zwischen hinein kaukasische Skythen, diesmal unter
den Namen Chazaren und Magyaren, endlich türkische
Kumanen und dann zum Schluß der Völkerwanderung
die Kiptschak-Mongolen oder Tartaren, die übrigens der
Masse der untergebenen Stämme nach ebenfalls Türken
waren.

Das Sarmaten-Reich bestand in seiner Ausdehnung
vom Don bis zur Theiß und Weichsel gerade ein Jahrtau-
send, denn etwa 700 Jahre vor Chr. kamen die Amazonen vom Thermodon nach der Krim und 300 Jahre nach
Chr. wurde das von ihnen und ihren Nachkommen gestif-
tete Reich auf Ungarn und Polen eingeengt. Wenige Staa-
ten können sich einer solchen Dauer rühmen, wie dieses
von Weibern hervorgerufene politische Gebilde. Die Perser
und die Römer versuchten ihr Glück vergebens gegenüber
diesen wilden Rettern und Reiterinnen, schon Cyrus oder
Kores ließ seinen Kopf in den Händen der Tomyris, der
Königin der Massageten, und Crassus fiel unter den Pfei-
len der Parther; erst den zahllosen Horden der aus der
Tartarei hereingebrochenen ostasiatischen Völker gelang es,
der sarmatischen Herrschaft in den Steppen des Pontus
ein Ende zu bereiten, während an der Theiß und an der
Weichsel noch heute das Volk der Husaren und Ulanen
sein Leben, seine Sprache und seine Nationalität bewahrt
hat. Die Husaren freilich datiren aus der späteren magya-

rischen Epoche, ihr Stammland war aber am Kaukasus,
so gut wie das der Sarmaten.

VII.

Jazygen.

Wie der Name der Skythen allmälig dem der Sarmaten gewichen war, als diese Herren der südrussischen
Steppen geworden, so trat an Stelle der Sarmaten nach
und nach der Name der Gothen, welche in immer stärkeren
Schaaren von dem Aralsee heranziehend, schließlich über
die Sarmaten die Oberhand erlangten. Jornandes nennt
die Sarmaten schon als Untergebene des gothischen Königs
Hermanrich.

Die Jazygen=Sarmaten in Ungarn bewahrten ihre
Unabhängigkeit dagegen länger und bekriegten gemeinsam
mit den Westgothen und Sueven die Römer an der unteren
Donau. Schon Vannius, der Suevenkönig, nahm seine
Reiterschaaren aus den Reihen der Jazygen, wie Tacitus
in seinen Annalen 12., 29 berichtet. In dem großen
Markomannenkriege waren die Jazygen neben den suevischen
Quaden und Markomannen das bedeutendste Volk. Später,
in der Mitte des 3. und 4. Jahrhunderts n. Chr. durch=
stürmten sie in Gesellschaft der Quaden (zu deutsch: wilde
Gesellen) das römische Gebiet, wie Eutrop, Vopiscus,
Ammian und Zosimus erzählen; sie werden von ihnen bald
Sarmaten, bald Jazygen genannt. Die römische Straßen=
karte setzt an die Ostseite der ungarischen Donau die sar=
matische Wüste, unterscheidet indeß zwischen herumschwei=
fenden Reitern und solchen, die ihre Wagen, also auch ihre
Weiber und Heerden bei sich halten. Damals waren die
Wenden oder Vandalen, dieselben, welche als Kymerier erst am
Asov'schen Meere gehaust hatten, vor den Sarmaten in die Lande
nördlich von den Karpathen zurückgewichen und Siebenbürgen
wurde von Gothen besetzt, welche zum Unterschiede von den
noch in Südrußland stehenden Ostgothen, hier Westgothen
genannt wurden. An der Theiß dagegen herrschten die

Jazygen, gingen aber mit den von früher her im Lande
ansäßig gewesenen romanisirten Daken oder heutigen
Walachen, die sie als Sklaven oder Slaven behandelten,
so unmanierlich um, daß diese sich empörten und ihre
Herren aus dem Lande trieben. Diese Herren werden in
Hieronymi Chronikon (ad a 337) Sarmatae Arcaragan-
tes, ihre Sklaven oder Frohnknechte (uallach bedeutet Frohnknecht) dagegen Sarmatae limigantes genannt. Diese beiden Namen sind insofern wichtig, weil sie den untrüglichen
Beweis für die Sprache und damit für die Abstammung
der Sarmaten geben. Bis jetzt hat sie noch Niemand zu
deuten vermocht — nun: argarrach ist nach dem Keltischen
Einer, der große Ansprüche und Forderungen macht, das
Wort ist zusammengesetzt aus arg, Einer der befiehlt, ein
Arger, und arrach, oder blos arach, Ernährung, Erhaltung durch den Ackerbau, dann auch Gewalt, Autorität; der
Ausdruck bezieht sich also auf die Abgaben, welche die
walachischen Bauern an die jazygischen Edelleute zu ent-
richten hatten, wie dies schon auf der Krim seitens der
kymmerischen Wanen oder Wenden gegenüber den Skythen
zu geschehen hatte, wie Strabo im siebenten Buche ausführ-
lich erörtert; limigantes dagegen kommt von lcamh,
leamhach und bedeutet unruhig (leambil Lümmel), gandas
aber trotzig, rachsüchtig. Die Herren verlangten also zu
viel Dienste und Frohnen von ihren Uallachs und diese,
darüber unruhig und erbost, jagten sie in das römische Gebiet, wo Kaiser Constantinus deren 30,000 von jeglichem
Alter und Geschlecht aufnahm und sie nach Thrazien,
Mazedonien und Italien vertheilte; auch in die Rhein-
gegenden wurde eine Abtheilung dieser Emigranten versetzt,
und zwar auf den Hundsrück, zwischen der Nahe und der
Mosel, wo sie Ausonius auf seiner Reise antraf. Nun
geriethen aber die siegreichen Limiganten mit den Römern
ebenfalls in Fehde und wurden von denselben auf jene
Gebiete eingeengt, welche sie im Osten der Theiß im Ha-
zeker Gebirge heute noch inne haben.

Damit waren indeß die Limiganten oder rebellirenden
Walachen nicht zufrieden, das Jahr darauf, 359 nach Chr.,
brachen sie wieder aus dem Gebirge hervor, und versuchten
selbst den Kaiser Constantinus bei Acimincum, der Mün-

dung der Theiß gegenüber (jetzt Acsa, wo noch bedeutende Römerschanzen zu sehen sind) aufzuheben, wie ebenfalls Ammian erzählt. Sie wurden indeß abermals in ihre Gebirge zurückgeworfen und die auf Seite der Römer kämpfenden Arcaraganten oder freien Jazygen erhielten von denselben wieder ihre Sitze im Flachlande an der Theiß. Als nun später die Westgothen vor den Hunnen aus Siebenbürgen nach Ungarn und Italien entwichen, geriethen sie auf dem Durchmarsch mit den Limiganten im Hazeler Gebirge ebenfalls in Conflict; letztere gingen aber doch schließlich aus dem Wege und kamen dann sammt den Arcaraganten an der Theiß unter hunnische Oberherrlichkeit.

Nach dem Sturze der Hunnenherrschaft durch die Gepiden, die in den Karpathen saßen, wurden die Jazygen wieder frei und kämpften unter ihren Königen Beuga und Babai vereint mit Sueven und Sciren gegen die Ostgothen, welche damals in der Walachei standen und mit den Römern befreundet waren. Babai erfocht einen Sieg über den römischen Feldherrn Camundus, wurde aber schließlich von Theoдорich, dem Ostgothen, erschlagen. Mit den Gepiden (wohl den Vorfahren von einem Theile der heutigen Slovaken) vereint, kämpften die Jazygen indeß noch längere Zeit gegen die Ostgothen, als diese aus der Walachei nach Italien abzogen, und ging dann ein Theil von ihnen mit den Longobarden ebenfalls nach Italien, wie Paulus Diaconus 2. 26 erzählt. Die Reste haben sich trotz der spä'ter hereinbrechenden Avaren und Magyaren im Lande erhalten, gerade wie auch die Walachen im Hazeler Gebirge, wo sie indeß von den jetzt herrschenden Magyaren ungefähr ebenso behandelt werden oder wenigstens wurden, wie ihre Vorfahren, die Limiganten, von den Jazygen, den Stammesvettern der Magyaren. Die Walachen oder Blachen werden um die Zeit der Ankunft der Magyaren in Ungarn, 900 nach Chr., von griechischen Autoren öfter genannt, so von Pachymeres, Andronikos (1. 37) und der Anna Comena, „sie hätten sich mit rauhen, schwer zugänglichen Gegenden begnügt und dort von Viehzucht gelebt, seien auch den Kämpfen mit ihren Nachbarn nicht aus dem Wege gegangen, hätten überhaupt ein unstetes Leben geführt und würden wegen ihrer

Mundart Blachen genannt", d. h. blageur, oder nach deutschem Volksausdruck Blechschwätzer, keltisch blagair, Plapperer.

Diese von den Griechen angenommene Ableitung ist indeß falsch, denn blach steht hier statt wlaoh, uallaoh und bedeutet, wie gesagt, Frohnknecht. Die Angaben der Byzantiner auf der angeführten Periode zeigen übrigens, daß die Walachen von den Zeiten der Römer her in den Gebirgen Süd- und Westsiebenbürgens saßen, gerade wie die Szekler im Osten, und daß die von Professor Rößler in Graz neuerdings aufgestellte Ansicht, die Walachen seien erst zur Zeit oder gar nach den Sachsen in Siebenbürgen von Thrazien her eingewandert, eine irrige ist; Rückwanderungen der von den Sarmaten über die Donau verscheuchten Daken in ihre alte Heimat in kleineren Abtheilungen sind damit nicht ausgeschlossen.

Was die Jazygen betrifft, so hat sich ihr Name, wenn auch nicht ihre alte Sprache, denn diese scheint jetzt völlig magyarisirt, auf der Westseite der Theiß in der Landschaft Jazygia, ungarisch Jaszsag erhalten, in der Nähe der einst türkischen Kumanen, mit denen sie oft verwechselt wurden, da diese im fünfzehnten Jahrhundert als königliche Leibwache in zwei Abtheilungen getheilt waren, in Steinschleuderer, Balistarii, und in Bogenschützen, ungarisch Jasz oder Jaszol, woraus im Volksmunde Philister und Jazygen wurden. Das eigentliche Jazygenland liegt an dem Zagyvaflusse, der bei Szolnok von Nordwesten her in die Theiß mündet, Hauptstadt der Jazygen ist Jaszbereny. (Jazygenburg oder Viehhof, von bwran kleine Burg, oder buar-ion Viehhof.) Für einen der magyarischen Mundarten kundigen Sprachforscher wäre es nun eine historisch interessante Aufgabe, in dem heutigen Jazygischen die etwa noch vorhandenen altsarmatischen mit dem Polnischen harmonirenden Wortformen bloszulegen, es würde dies eine sprachlich lohnenswerthere Arbeit sein, als die Vergleichung mit den finnischen Idiomen, mit denen das Ungarische nicht mehr gemein hat, als jede andere arische Sprache. Bei den Ungarn heißt der Jazyge kurzweg Jasz, gerade wie der Russe den Ossethen im Kaukasus Jass nennt, der Türke den Georgier Os, der Araber As; bei Ptolemäus lautet die Form Jassioi, er meint damit die Jazygen in Ungarn. Die Bedeutung des Namens ist bei den Ungarn wie bei den Iren Bogenschütze, und kommt das Wort, wie schon bemerkt, in den keltischen Sagen, da, wo vom Uebergang der Chalbäer aus Georgien über den Kaukasus die Rede ist, in der Form Jath-sgiot, Pfeilvolk, vor.

VIII.

Polen.

Zum Schluß dieser Abhandlung nun noch ein Wort über die Polen. Der Name kommt in der Form Palen oder Spalen bei Jornandes schon im alten Slythenlande vor und bedeutet Reiter, von peal Pferd, Fohlen, daher Pöhlde, alter Fohlenstall der sächsischen oder noch früher der cheruskischen Fürsten am Südfuße des Harzes. Den Gegensatz zu diesen sarmatischen Reitern, den Rac-Alanen oder wilden Ulanen der römischen Autoren, bildeten die ebenfalls sarmatischen Napen oder Naper, die Schiffleute und Seeräuber an der Nordküste des Pontus, denn nab, naeb, lateinisch navis, ist Schiff (nab-il Schiff-gros, nabil-on oder Nieblung, Seefahrer oder Wikinger des Nordens, denn uigiage bedeutet Flotte). Die sarmatischen Wikinger oder Naber machten sich ihres Namens würdig, denn sie durchschifften nicht blos das ganze Schwarze Meer, sondern drangen auch durch den Hellespont nach den südlicheren Gewässern und plünderten erst allein und später im Bunde mit den Gothen alle Küstenstädte bis nach Ephesus und Athen. Wegen dieser Verbindung mit den allmälig aus Asien heranrückenden gothischen Schaaren werden die Sarmaten am Pontus und an der untern Donau von den Schriftstellern jener Periode bald Scythen bald Gothen genannt; die Anführer in erster Zeit waren jedenfalls die des Landes kundigen Sarmaten, schließlich aber erlangten die Gothen durch ihre Ueberzahl die Oberhand. Diese ursprüngliche Abhängigkeit der deutschen Stämme von den Sarmaten ergibt sich auch hand-

greiflich aus der Bedeutung der ältesten deutschen Krieger-
Namen, welche fast alle ein Dienst- oder Vasallen-Verhält-
niß bezeichnen, wie ich in meinem deutsch-keltischen Wörter-
buch unter den Aufsätzen Friedrich, Dietrich, Sigfried u. s. w.
nachgewiesen habe. Auch der Name Alfen oder Alfenos,
womit in der Edda und bei Plutarch die Sachsen, namentlich deren vorderste Schaaren, die Sig-Kambern, bezeichnet
werden, deutet auf diese Einwanderung der Deutschen aus
den Aral-Gegenden, denn alb, albanach, allaban, allabbar
ist Frembling, Einwanderer, und wenn man den Ausdruck
Elfe, lat. albus, hinzunimmt, so erhält man weißhäutigen,
blonden Frembling. Die irischen Einwanderer in Schottland werden heute noch Albanach genannt.

Kaiser Severus war der erste, welcher den Gothen Jahr-
gelder bezahlen mußte. Unter Maximus und Balbinus
brachen die Karper (Karpathenbewohner), wohl Ruthenen,
Slovaken und Walachen unter Führung der Sarmaten in
der heutigen Bulgarei ein und zerstörten sodann Istria.
Unter Kaiser Gordian verheerte der Skythenkönig Arguntis
Marcianopolis auf dem Südufer der unteren Donau.
Dieser Arguntis oder Argailus stand indeß schon unter
gothischer Oberherrlichkeit, und zwar unter dem Oberkönig
Ostrogotha's, während die eigentlichen Gothen von Gunthe-
rich angeführt wurden. Im Jahre 251 verlor Kaiser
Decius sein Leben in den Sümpfen der Donau, als er
gegen die Sarmato-Gothen im Felde stand und sein Nachfolger Gallus zahlte ihnen wieder Tribut. Nun kamen
noch die Heruler von der Ostsee angerückt und die Peukiner, die an der untern Donau Posto gefaßt hatten. Desgleichen Boraner und Urugunden, beide wohl vom Ural
und zum Hunnenstamm gehörig oder Burgunder aus
Lithauen; alle diese standen unter den Ostgothen, als den
damals mächtigsten, voran aber die Sarmaten als Wegweiser, sei es zu Pferde, sei es, weil von jeher am Pontus
wohnend, als schifffahrtskundige Naper.

Die erste Wikingerfahrt galt Trapezunt und Pityus,
dann Byzanz, Chalcedon und anderen Orten Kleinasiens.
Auf einem dritten Zuge, mit 1000 Fahrzeugen, verbrannten sie zur Zeit des Kaisers Gallienus die Städte Cyzicus
im Marmor-Meer und Ephesus in Jonien, eroberten dann

Athen, Sparta und Argos, und durchplünderten die ganze illyrische Küste.

Auf einem vierten Zuge vom Dniester aus mit 2000 Fahrzeugen, dem sich auch Heruler und Peukiner angeschlossen, wurden Kreta und Rhodus erobert, und Salonichi belagert; hier aber kam ihnen Kaiser Claudius in den Rücken und zersprengte sie. Kaiser Aurelian trieb dann sämmtliche Banden wieder über die Donau zurück, nachdem er sie in Thrazien und Illyrien völlig geschlagen, und ihrer beim Uebergang über die Donau an die 5000 sammt ihrem Führer Cannabas oder Cannabaudes zusammengehauen hatte. Nun verhielten sie sich ruhig bis 321 nach Christus, wo sie wieder einen Einfall über die Donau wagten, aber von Kaiser Constantin zurückgeschlagen wurden. Dieser Zug war wieder von den Sarmaten ausgegangen, wie Zosimus (2. 21) meldet, und zwar vom Asow'schen Meere her, ihr Anführer hieß Rhausimodos. Constantin ging nun selbst über die Donau und zwang den Ariarich, den Kriegsobersten der Westgothen zum Frieden (ar Krieg, air Mann und righ König.) Nach ihm that Kaiser Valens dasselbe, er kämpfte von 367—369 gegen dieselben, ohne jedoch in den Gebirgen Siebenbürgens viel ausrichten zu können. Mitten auf der Donau schloß er endlich Frieden mit Athanarich, dem König der Westgothen, der aber bald darauf von den Hunnen aus Siebenbürgen vertrieben wurde. Ammianus Marcellinus nennt alle die Völker, welche an den gemeldeten Heerzügen theilnahmen, kurzweg Sythen (31. 5) und wie gesagt, die Wegweiser und besten Reiter waren sie jedenfalls, wenn auch Gothen als Fußvolk den Ausschlag gaben. Durch die Hunnen wurde indeß die Macht der Sarmaten völlig gebrochen und blieben wie oben bemerkt, in Ungarn schließlich nur die Jazygen übrig.

Was dagegen die Polen oder diejenigen Reiterschaaren der Sarmaten betrifft, welche nördlich von den Karpathen unter oder vielmehr über den dort schon aus früheren Zeiten ansässigen Lächen und Wenden eine neue Heimat gefunden, unbeirrt und unbeherrscht weder durch die Gothen noch Hunnen, noch Avaren, noch Magyaren, deren Züge stets an der untern Donau aufwärts gingen,

42

sohin das Weichselland unberührt ließen, so kann es hier die Absicht nicht sein, speciell auf die polnische Geschichte einzugehen; es genüge der Hinweis, daß der sarmatisch-skythische Theil des Polenvolkes, nämlich der Abel oder die Schlachta (die Schläger, sluagh keltisch) jedenfalls von demjenigen Theile der Rogolanen oder Rac-Ulanen abstammt, der, den Gothen und Hunnen aus dem Wege gehend, sich nach Norden zog.

Der Ausdruck Lechen dagegen bezieht sich auf die frühere, von den Sarmaten unterworfene Bevölkerung, und steht gleich dem Namen Lygier, Lugier, Liguren, und diese wieder sind dieselben wie Siculer, Seller und Elgynnen, d. h. dunkelhäutige, schwarzhaarige, schwarzaugige, kleine aber lebhafte Atlantiden. In der etwas abgeänderten Form uallach oder Wlach bedeuten diese Lüchen, wie schon bemerkt, in Ungarn Frohnbauern, und das waren sie auch, als den Sarmaten unterthan, in Polen; nur haben diese Uallach die Kraft nicht besessen, wie die Emiganten in Siebenbürgen, ihrer polnischen Arcaraganten ledig zu werden, so daß jetzt, wo die Leibeigenschaft zum Vortheile beider Theile endlich aufgehoben ist, beide Stämme allmälig in einen zerfließen werden. Der Ausdruck Poljane, oder Polacy wird gewöhnlich als Flachlandsbewohner gedeutet, von pole Feld, woher auch Ost- und Westphalen; diese Erklärung hat indeß die schwache Seite, daß sie zu vag ist, denn Flachland war alles Terrain, in welchem sich die Sarmaten von jeher bewegten vom Don bis zur Weichsel. Die Polen zerfallen heutzutage in Masuren, Bewohner der Maasau oder Mazoviens, des Landes am maith-abha, oder obha, d. h. am mächtigen Wasser, von der Weichsel nämlich ostwärts über die sumpfigen Niederungen am Bug und Narew und nördlich bis zur Drewenz; dann in Cujaven, westlich von der Weichsel; go-abhia ist der Gegensatz von maith-abhia, denn go bedeutet klein. Früher war auch Schlesien polnisch und ist es zum Theile heute noch; der Name dieses Landes kommt entweder vom Gau Silein oder Silensia, d. h. dem Bienengau, denn seilean ist wilde Biene, woher auch der Name der Silinger, der ältesten Bewohner Schlesiens, oder von slios, Bergabhang, des Riesengebirges nämlich. Die übrigen Gaunamen Polens, die in alten Urkunden vorkommen, beziehen sich auf deren Hauptstädte, haben also keine ethnologische Bedeutung.

Zur Zeit, als die Sarmaten in Polen einrückten, was wohl in größeren Massen erst damals geschah, als sie den Gothen und Hunnen aus dem Me gingen, fanden sie daselbst die Wenden im Norden des Landes, die vor ihnen schon das Slythenland verlassen hatten, dann die gallischen Burler an der oberen Weichsel, Viehhirten wie die Bayern und Bojer in Böhmen; dann die Omanen an der oberen Oder (ambaïn Fluß) d. h. die heutigen Wasser-Polacken; sodann auf den Höhen östlich von der Oder die Luglot Dunol, wie Ptolemäus schreibt (dun ist Berg); ferner Arler oder Harler, Bergbewohner, von ar oder or hoher Berg, die heutigen Goralen in den nördlichen Karpathen, und endlich die Nahan-Arvalen, bei denen das alte Nationalheiligthum sich befand, in einem Halne, wahrscheinlich bei Czenstochau, wo jetzt noch von ganz Polen die schwarze Muttergottes verehrt wird. Nahan-ar-val kommt von naomh heilig, ar groß und bal bad Gott; der Tempel dürfte also von den gallischen Buren angelegt worden sein, da Bal oder Apollo vor Allem bei den Galliern und Chaldaern als Sonnengott verehrt wurde. Die schwarze Muttergottes, die in christlichen Zeiten an Stelle des früheren Götterbildes gesetzt wurde, könnte indeß wegen dieser ihrer Hautfarbe auf noch ältere, d. h. atlantische oder amazonische Abstammung schließen lassen, indeß will ich diese Frage Anderen zur weiteren Untersuchung und Entscheidung überlassen und schließe mit der Bemerkung, daß, wie einerseits die frühere turbulente Staatswirthschaft der Polen lebhaft an das Sarmatenthum erinnert, so die feurige Anhänglichkeit der heutigen Polinnen an ihr Vaterland und an ihre Nationalität deutlich auf den Heldenmuth der alten Amazonen zurückweist, und daß, wenn eine wechselvolle Geschichte von dritthalbtausend Jahren nicht im Stande war, den freien Sinn dieser Reiterinnen zu ersticken, dies auch der Brutalität unserer modernen Volksunterdrücker nicht gelingen werde, um so weniger, als die Polen in neuerer Zeit in einer Reihe ähnlich bedrängter Völker eifrige Bundesgenossen erhalten haben. Kein Volk geht zu Grunde, das sich nicht selbst aufgibt, und Recht muß endlich doch Recht bleiben!

IX

Anhang.

Zum Schlusse dieser Abhandlung noch folgende Notiz, welche derzeit die Runde durch die deutschen Zeitungen macht:

„Auf der Insel Java, zwischen den Städten Batavia und Samarang, liegt das kleine Königreich von Bantam. Obgleich Holland tributpflichtig, ist es ein unabhängiger Staat, politisch ohne Wichtigkeit, aber glücklich, reich und seit undenklichen Zeiten regiert und vertheidigt von — Frauen. Der Souverän ist zwar ein Mann, aber die ganze übrige Regierung gehört dem schönen Geschlecht. Der König ist gänzlich abhängig von seinem Staatsrathe, der aus drei Frauen zusammengesetzt ist. Die höchsten Autoritäten, alle Staatsbeamten, die Functionäre des Hofes, die Militärcommandanten, die Soldaten sind, ohne Ausnahme, weiblichen Geschlechtes. Die Männer treiben Ackerbau und Handel. Die Leibwache des Königs ist aus der weiblichen Elite formirt. Diese Amazonen reiten nach Männerart und tragen scharfe Stahlspitzen statt Spornen. Sie führen eine spitzige Lanze, welche sie sehr anmuthig schwingen, und auch eine Muskete, die sie in vollem Galop abfeuern. Der Thron vererbt sich auf den ältesten Sohn des Königs, und wenn der König ohne Nachfolger stirbt, versammeln sich hundert gewählte Amazonen, die einen Nachfolger unter ihren eigenen Söhnen wählen. Der Erwählte wird dann als legitimer König proclamirt.“

Die Javanesen gehören bekanntlich der malayischen, oder mit anderen Worten der atlantischen Race an, und sind gelbhäutig, wie einst die Budinen Herodot'sim jetzigen Podolien, denn buidhe bedeutet gelb. Aus der Mischung dieser Budinen mit kleinasiatischen Hellenen entstanden die vielgenannten Burgunder, bei denen die Weiber ebenfalls eine große Rolle spielten. Als Darelos ihr Burgun (große Burg) verbrannt hatte, zogen sie nach Lithauen und von da durch Polen und am Main abwärts an den Rhein. Sie waren rabenschwarz von Haaren wie die Javanesen, Inder, Chinesen und Japanesen, desgleichen wie die übrigens grünhäutigen Heruler, welche unter Odoaker Rom eroberten, und aus letzterem Grunde bis heute für echte „Germanen" erklärt wurden, trotz ihrer Zigeunerhaut.

878313

———